Ulrich Höffer

Deutsch

Gymnasium 8. Schuljahr

TRAINING

Klett Lernen und Wissen

Ulrich Höffer hat viele Jahre als Lehrer für Deutsch und Geschichte an einem Gymnasium unterrichtet und war in der Lehrerfortbildung tätig. Seit einigen Jahren ist er Fachleiter für Deutsch am Studienkolleg der Fachhochschule Köln sowie Schulbuchautor für Deutsch und Geschichte.

Bibliographische Information Der Deutschen Bibliothek
Die Deutsche Bibliothek verzeichnet diese Publikation in der Deutschen Nationalbibliographie; detaillierte bibliographische Daten sind im Internet über http://dnb.ddb.de abrufbar.

Auflage 4. 3. 2. 1. | 2011 2010 2009 2008
Die letzten Zahlen bezeichnen jeweils die Auflage und das Jahr des Druckes.
Dieses Werk folgt der reformierten Rechtschreibung und Zeichensetzung. Ausnahmen bilden Texte, bei denen künstlerische, philologische oder lizenzrechtliche oder andere Gründe einer Änderung entgegenstehen.

Internetadresse: www.klett.de
Zeichnungen: Naomi Fearn, Berlin: S. 7, 11, 17, 24, 41, 47, 71
Marlene Pohle, Stuttgart: S. 35, 44, 55, 70
Umschlaggestaltung: VIER FÜR TEXAS Ideenwerk, Frankfurt/Main
Redaktion: Elke Hufnagel, Berlin
Satz: Klaus Bauer, Bondorf
Reproduktion: Meyle + Müller, Medien-Management, Pforzheim
Druck: Mediahaus Biering GmbH, München
Printed in Germany.
ISBN: 978-3-12-927078-3

Texte schreiben und lesen

Liebe Schülerin, lieber Schüler,

mit diesem Übungsbuch für das 8. Schuljahr wollen wir dir helfen, im Fach Deutsch fit zu werden.
Du kannst es von Anfang bis Ende durcharbeiten, oder du greifst dir einzelne Themen heraus, die du für den Unterricht oder vor Klassenarbeiten ganz gezielt wiederholen möchtest.

Alle Kapitel sind gleich aufgebaut – so findest du dich schnell zurecht:

- **Wissen**
  Hier haben wir Tipps, Arbeitsanleitungen und Regeln zusammengestellt und mit vielen Beispielen erklärt. So erkennst du, worauf du beim Üben besonders achten musst.

- **Übungen**
  Jetzt legst du richtig los: In den Übungsaufgaben trainierst du Rechtschreibung, Grammatik, genaues Lesen von Texten und das Schreiben von eigenen Aufsätzen. Die Lösungen am Ende des Buches helfen dir, dich selbst zu überprüfen und zu korrigieren.

- **Checkliste und Test**
  Mit den Checklisten und Tests am Ende der Kapitel kannst du überprüfen, wie viel du schon gelernt hast.

Im Aufsatzbereich findest du viele Aufgaben, mit denen du das Schreiben von eigenen Texten üben kannst. Lege dafür ein Trainingsheft an. Vergleiche deine Texte anschließend mit den Lösungsvorschlägen. Deine Formulierungen werden nicht immer mit unseren Vorschlägen übereinstimmen. Du kannst aber überprüfen, ob du alle wichtigen Gesichtspunkte berücksichtigt hast.

Wir wünschen dir viel Erfolg und viel Spaß!

Rechtschreibung

1 Groß- und Kleinschreibung

1.1 Nominalisierungen (Adverbien, Präpositionen, Konjunktionen, Interjektionen)

Nicht nur Verben, Adjektive, Partizipien oder Pronomen können in Nomen verwandelt und großgeschrieben werden, sondern auch **Adverbien**, **Präpositionen**, **Konjunktionen** und **Interjektionen** (Ausrufewörter). Auch diese Nominalisierungen erkennst du meist an bestimmten **Begleitern** (Artikel, Pronomen, Zahlwörter, Adjektivattribute).
Sie treten oft **paarweise** auf.

Die Katze lebt zufrieden **im Hier** und **Jetzt**. **(Adverbien)**
Das ständige **Auf** und **Ab** drehte ihr den Magen um. **(Präpositionen)**
Wenn es nicht so **viele Wenn** und **Aber** gäbe, könnte ich mich leichter entscheiden. **(Konjunktionen)**
Sie grüßte immer nur mit **einem kurzen Hallo**. **(Interjektion)**

Bei nominalisierten Konjunktionen, die aus einer durch **Bindestriche** verbundenen Wortgruppe bestehen, wird **nur das erste Wort** großgeschrieben.

Bei diesem strengen Lehrer gibt es immer nur **ein Entweder-oder** und nie **ein Sowohl-als-auch**.

Das Adverb
- ist unflektierbar
- bestimmt nähere Umstände einer Handlung / Geschehens
- bestimmt Verben, Satzinhalte, Adjektive, Substantive und übergeordnete Partikel

1

Setze in die Lücken jeweils eine passende Nominalisierung aus der Liste ein.

Wie, Huch, Warum, Wann, Nirgendwo, Aber, Drum, Allerdings, Ob, Vielleicht, ~~Nein~~, Dran

1. Auf die Frage ihrer Tochter, ob sie ins Kino gehen oder wenigstens die neue DVD anschauen dürfe, antwortete die Mutter mit einem strengen Nein ______.
2. Mit einem ziemlich überraschten ______ entdeckte Jonas einen Igel unter seinem Bett.
3. Nachdem das ______ geklärt war, musste jetzt noch das ______ besprochen werden.
4. Bis sie ihre erste Hausarbeit mit allem ______ und ______ fertig gestellt hatte, brauchte Eva fast eine ganze Woche.
5. Obwohl ihre Eltern ihren Vorschlag zunächst akzeptierten, wartete Julia dennoch auf ihr berüchtigtes ______.
6. Nachdem sie den Treffpunkt ausgemacht hatten, mussten sie sich jetzt nur noch auf das ______ einigen.
7. Immer wenn er eigentlich schon zugestimmt hatte, schränkte er sein Einverständnis durch ein ______ ein.
8. Die Frage nach dem ______ steht für viele Forscher im Mittelpunkt ihrer Forscherneugierde.
9. Sie wollte sich nicht festlegen und antwortete mit einem ausweichenden ______.
10. Er hatte völlig die Orientierung verloren und landete im ______ zwischen Vorstadt und riesigen Feldern.

2

Setze jeweils eine oder zwei passende Nominalisierungen ein, bestimme die ursprüngliche Wortart und nenne den/die Begleiter.

1. Dieses Fahrrad kostet mit allem Drum ________ und ____________ achthundert Euro.

   Wortart: Adverb ____________ Begleiter: mit allem ____________

2. Nach langer Diskussion über das ______________ eines Fahrradurlaubs stand schließlich fest, dass es am ersten Ferientag losgehen sollte.

   Wortart: ______________________ Begleiter: ______________________

3. Mit einem lauten ______________ schleuderte sie den faulen Apfel ins Gebüsch.

   Wortart: ______________________ Begleiter: ______________________

4. Als Sabine wieder in die Schule kam, wurde sie von allen mit fröhlichem ______________ begrüßt.

   Wortart: ______________________ Begleiter: ______________________

5. In seinen Gefühlen gab es ein ständiges ____________ und ____________.

   Wortart: ______________________ Begleiter: ______________________

6. Auch in schwierigen Situationen gibt es meist nicht nur ein __________________________, sondern oft auch ein __________________________.

   Wortart: ______________________ Begleiter: ______________________

7. In schwierigen Situationen kann ich mich auf meinen Freund ohne ______________ und ______________ verlassen.

   Wortart: ______________________ Begleiter: ______________________

8. Als Sabine zum ersten Mal mit ihrer neuen Frisur in die Schule kam, hörte sie besonders von ihren Mitschülerinnen viele ______________ und ______________.

Wortart: ______________________ Begleiter: ______________________

9. Kaum hatte der Lehrer die Klasse verlassen, da gab es nur noch ein einziges ______________________________ .

Wortart: ______________________ Begleiter: ______________________

10. Mein Vater schien zunächst mit allem einverstanden zu sein, dennoch wartete ich auf ein ______________ .

Wortart: ______________________ Begleiter: ______________________

11. Er konnte sich nie entscheiden, immer bekam man von ihm nur ein ______________________ zu hören.

Wortart: ______________________ Begleiter: ______________________

1.2 Zahlwörter

a) Die **Grundzahlen** von 0 bis 999.999 schreibt man **klein**.
Nominalisierte Grundzahlen (oft mit Artikel, Präposition oder Pronomen als Begleiter), die eine Ziffer oder einen Zahlwert bezeichnen, schreibt man **groß**. **Grundzahlen ab 1.000.000** werden ebenfalls **großgeschrieben**.
In dieser Klasse gibt es **sechs** schwierige Schüler.
Mit diesem Würfel habe ich schon oft eine **Sechs** gewürfelt.
Beim Endspiel schauten **zehn Millionen** Zuschauer die Fernsehübertragung an.

b) **Bruch- und Ordnungszahlen** werden in der Regel kleingeschrieben.
Jeder **zehnte Besucher** des Schokoladenmuseums bekommt eine Praline geschenkt.

Werden sie aber nominalisiert, schreibst du sie groß. Oft besitzen sie dann einen Begleiter.
Jeder Vierte besitzt schon einen Computer.
Die Kleinste aß **ein Viertel** des großen Kuchens auf.

c) Vor einer **Maßangabe** werden Bruch- und Ordnungszahlen bei Zusammenschreibung groß-, bei Getrenntschreibung aber kleingeschrieben.
Die Kleinste trank danach einen **Viertelliter/viertel Liter** Milch.

d) Die Zahladjektive *viel, wenig, einige, andere, übrig, gering, etwas, einzeln* werden in der Regel kleingeschrieben. Nominalisierte Zahladjektive (oft mit Begleiter) schreibt man groß.
Es gibt nur **wenige**, die im Sport Höchstleistungen erzielen.
Diese Wenigen werden oft berühmt.
Ich möchte gerne noch **etwas** essen.
Sie hat einfach **das gewisse Etwas**.

e) Wenn ein Zahlwort eine Menge bezeichnet, die sich **nicht mit Ziffern** ausdrücken lässt, kann dieses Zahlwort **groß-** oder **kleingeschrieben** werden. Ein **nominalisiertes** Zahlwort wird immer großgeschrieben.
Sie besitzt **Dutzende/dutzende** von Spielen.
Diese Hefte sind **im Dutzend** billiger.

1

Ergänze die Anfangsbuchstaben der Zahlwörter in den folgenden Sätzen. Nenne jeweils in Stichworten die Regel (a – e), nach der diese groß- bzw. kleingeschrieben werden.

1. Sie hatte wahrhaftig eine _E_ins in Mathe geschafft.

   Regel: _a) nominalisierte Grundzahl_

2. Die meisten Kunden verlangen aber ein ___iertel Pfund.

   Regel: ______

3. Das Sortiment umfasst mehrere ___undert Artikel.

   Regel: ______

4. Jeder ___undertste Kunde bekommt hier sogar ein kleines Geschenk.

   Regel: ______

5. Die ersten ___undert beim Marathonlauf bekommen einen Preis.

   Regel: ______

6. Alle ___brigen gehen leer aus.

   Regel: ______

7. Wegen ihrer häufigen Teilnahme am Volkslauf werden ___inzelne Läufer besonders geehrt.

   Regel: ______

8. In der modernen Großstadt fühlt sich der ___inzelne oft etwas verloren.

   Regel: ______

9. Viele ____ausende jubelten dem Sänger zu.

   Regel: ______

10. Eine ____illion Fans hat schon die neue CD gekauft.

    Regel: ______

2

Ergänze jeweils ein passendes Zahlwort aus der Liste und achte auf Groß- bzw. Kleinschreibung sowie die richtige Form.

tausendster, drittel, elf, einzeln, Million, gering, tausend

1. Im Stadion warteten ______________________ von Fußballfans auf den Anpfiff.
2. Jeder ______________________ Besucher des Spiels bekam einen Fußball geschenkt.
3. Kein ______________________ als der Bundespräsident beglückwünschte die Gewinner.
4. Jeder ______________________ Besucher wurde am Eingang auf Waffen oder harte Gegenstände untersucht.
5. Es bleibt jedem ______________________ überlassen, ob er solche Gegenstände abgibt oder sie z. B. in seinem Auto zurücklässt.
6. Nur ______________________ Besucher verzichten verärgert auf einen Besuch des Spiels.
7. Wenn mehr als 60 %, also etwa zwei ______________________ der Sitzplätze verkauft werden, macht der Fußballverein Gewinn.
8. Der Verein verdient aber auch, wenn ______________________ von Zuschauern das Spiel im Fernsehen verfolgen.
9. Jeder drückt natürlich nach dem Anpfiff nur der eigenen ______________________ die Daumen.
10. Diese ______________________ Spieler müssen jetzt ihr Bestes geben, um ihre Fans nicht zu enttäuschen.

1.3 Sprach- und Farbbezeichnungen, Paarformeln

Adjektive, die eine Farbe oder Sprache bezeichnen, werden in der Regel **kleingeschrieben**.

Die Sonne strahlte vom **blauen** Himmel.
Überall auf der Welt lernen Menschen die **deutsche** Sprache.

Nominalisierte Sprach- und Farbbezeichnungen, zu denen der **Begleiter eines Nomens** (Artikel, Pronomen, Präposition, Adjektivattribut) gehört oder gehören könnte, werden **großgeschrieben**.

Der Himmel strahlte **in tiefem Blau**.
Zum ersten Mal bekommt sie eine Eins **in Deutsch**.

Adjektive, die mehrere Personen bezeichnen und **paarweise** benutzt werden, schreibst du ebenfalls **groß**.

Der Sänger war bei **Alt** und **Jung** beliebt.

1

Setze jeweils den fehlenden Anfangsbuchstaben ein. Wird er groß- oder kleingeschrieben?

1. Er wartete an einer ___oten Ampel.
2. Bei ___ot muss man warten.
3. Die meisten Trauergäste waren in ___chwarz gekleidet.
4. Ein Zylinder ist eine ___chwarze Kopfbedeckung für besonders feierliche Anlässe.
5. Für die Übersetzung muss ich noch viele ___nglische Vokabeln nachschlagen.
6. Er antwortete in fließendem ___nglisch.
7. Er scheiterte trotz großen Fleißes an ___hinesisch.
8. Besonders schwierig waren die ___hinesischen Schriftzeichen.

9. Bei einem richtigen Volksfest feiern ___rm und ___eich gemeinsam.
10. Überall auf der Welt gibt es ___rme und ___eiche Leute.
11. Ein bekanntes Sprichwort behauptet, dass sich ___leich und ___leich gerne zueinander gesellen.
12. Sie besitzt den ___leichen Charakter wie ihr Bruder.
13. Im neuen Bürgertreff lernen sich ___lte und ___unge Leute kennen.
14. Der Liebesfilm begeisterte ___lt und ___ung.
15. Familiensendungen wenden sich an ___roß und ___lein.
16. Das Rätselbuch begeistert ___roße und ___leine Leser.
17. Sein ___nglisch blieb immer besser als sein ___ranzösisch.

2

Setze die fehlenden Adjektive ein und achte auf Groß- und Kleinschreibung.

1. Vor Scham wechselte ihre Gesichtsfarbe in ein tiefes Rot________.
2. Den Brief an ihre Gastfamilie in Frankreich schrieb sie natürlich in ____________________.
3. Bei der Korrektur der Französischarbeit verbrauchte der Lehrer viel ______________ Tinte.
4. Viele ____________________ Wörter waren nämlich falsch geschrieben.
5. Alle mussten lachen: Mit seiner witzigen Bemerkung über den seltsamen Nachbarn hatte er ins ________________ getroffen.
6. Mit seinem eigenwilligen Verhalten galt er in seiner Familie als das ________________ Schaf.
7. Sie kann sich in Tokio sogar auf ____________________ verständigen.

8. Sie hat allerdings noch große Schwierigkeiten beim Entziffern der ______________________ Schrift.
9. Glück ist für ______________ und ______________ unbezahlbar.
10. Über die Affen im Zoo lachen _______________ und _______________.
11. Für das neue Elefantenhaus interessieren sich ________________ und ________________ Besucher.
12. Über einen großen Lottogewinn jubeln ________________ und ________________ Leute.
13. Ihre Gastfamilie in London war überrascht über ihr gutes ___________________ und ihre Kenntnis vieler ___________________ Fachausdrücke.

1.4 Denominalisierungen und andere knifflige Fälle

Denominalisierungen

Wenn ein Nomen in eine andere Wortart umgewandelt, d. h. **denominalisiert** wird, schreibst du es **klein**. Dies ist z. B. bei bestimmten Adjektiven nach den Verben *sein* oder *werden* der Fall: *angst, gram, schuld, klasse, recht, willens* usw.

Du bist **schuld**.
Das geschieht dem Schlingel **recht**. (= richtig)

Bestimmte Nomen können auch zu Adverbien, Präpositionen, unbestimmten Pronomen bzw. Zahlwörtern oder Verbbestandteilen denominalisiert werden.

Sie kommt erst **abends** nach Hause. **(Adverb)**
Er schaffte es **dank** seines Mutes. (= wegen, **Präposition**)
Ich brauche ein **bisschen** Mut. **(unbestimmtes Pronomen)**
Sie kaufte sich ein **paar** Müsliriegel. **(unbestimmtes Zahlwort)**
Wegen ihrer Krankheit nimmt sie nicht an der Klassenfahrt **teil**. (**teil**nehmen = **Bestandteil eines Verbs**)

Klein- und Großschreibung von eingeschobenen Sätzen

Eingeschobene Sätze beginnen nach einer **Klammer** oder einem **Gedankenstrich** mit **Kleinschreibung**, nach einem **Anführungszeichen** mit **Großschreibung**.

Unser Hund – **du** kennst ihn ja – begleitet mich immer beim Fahrradfahren.
Unser Hund (**du** kennst ihn doch?) begleitet mich immer beim Fahrradfahren.
Mit einem begeisterten „**Das** ist ja unglaublich!“ nahm er den Lottogewinn entgegen.

Feste Zusammensetzungen oder Wortgruppen

Einige Wörter können als feste Zusammensetzungen oder als Wortgruppen betrachtet werden. Hier hast du die Wahl zwischen **Klein-** und **Zusammenschreibung** (Zusammensetzungen) oder **Getrennt-** und **Großschreibung** (Wortgruppen). Dies betrifft vor allem folgende Wörter:

aufgrund / auf Grund, zulasten / zu Lasten, vonseiten / von Seiten, zugrunde / zu Grunde, mithilfe / mit Hilfe, zumute sein / zu Mute sein, imstande sein / im Stande sein, infrage kommen / in Frage kommen

Der Segler bleibt **aufgrund** (feste Zusammensetzung) / **auf Grund** (Wortgruppe) des schlechten Wetters im Hafen.

1

Setze die richtigen Anfangsbuchstaben ein. Werden sie groß- oder kleingeschrieben?

1. Das Wetter soll ___/aut letztem Wetterbericht wieder besser werden.
2. Kein Lüftchen regte sich, und kein ___aut war zu hören.
3. Ein großer ___eil der Menschheit hat Ernährungsprobleme.
4. Sie gab ihrem Vater ___eils ___echt, blieb aber trotzdem wütend auf ihn.
5. Du hast zwar ___nrecht, aber mir soll es ___echt sein.
6. Er blieb ___itten auf dem Platz plötzlich stehen.
7. In der ___itte des Zimmer lag eine Riesenschlange.
8. Er hatte den festen ___illen zu siegen.
9. Ich bin nicht ___illens, diese Ungerechtigkeit hinzunehmen.
10. Das Kinoverbot ihrer Eltern bestärkte sie noch in ihrem ___rotz.
11. Sie wurde ___rotz Fieber die Erste.
12. Aus Langeweile fuhr er ___reuz und ___uer durch die Stadt.

13. Es ist wirklich ein ___reuz mit diesen schweren Klassenarbeiten.
14. Diese schwarzen Wolken machen mir ___ngst.
15. Auf dieser Achterbahn wird dir ___ngst und ___ange.
16. Sie kaufte sich ein ___aar schicke Tanzschuhe.
17. Nach ein ___aar Tagen drückten sie nicht mehr.
18. Alle Bewohner nageln ___ngesichts des drohenden Orkans ihre Fenster mit Brettern zu.
19. Auch im ___ngesicht des Sturms blieb der Kapitän erstaunlich ruhig.
20. Am ___bend wird der Faule fleißig, und die Stunde am ___orgen hat Gold im Mund.
21. Man sollte sich ___bends und ___orgens die Zähne putzen.

2

Forme die folgenden Sätze mit Denominalisierungen so um, dass ihr Sinn erhalten bleibt, aus den Denominalisierungen aber wieder Nomen werden.

1. Ich gehe abends gerne spät ins Bett.

   Ich gehe am ______________________________.

2. Die Klassenfahrt war teils sehr lustig, teils aber auch langweilig.

   ____

   ______________________________.

3. Auf dieser Achterbahn wird mir angst.

   ____

   ______________________________.

4. In der Zeitung war zu lesen, dass das Urteil des Gerichts rechtens sei.

   ____

   ______________________________.

3

Setze jeweils das passende Wort ein, achte auf Groß- und Kleinschreibung und gib bei Denominalisierungen in Klammern die jeweilige Wortart an. Ein Wort kann auch mehrfach verwendet werden.

anfangs, paar, Recht, klasse, ~~rings~~, Willen, um ... willen, Gesicht, Morgen, morgens, zeit, Preis, statt, Anfang, Schuld, schuld, Paar, Dank, dank, Klasse, angesichts, Zeit, preis, willens

1. Viele Bäume stehen _rings_ um unser Haus. (_Präposition_)
2. Diese Bäume sind ________ an meinem Schlafmangel.
   (________)
3. Am ________ singen die Vögel auf diesen Bäumen nämlich besonders laut.
4. Es findet ein regelrechter Singwettbewerb ________.
   (________)
5. Das hat mir ________ noch gefallen, aber jetzt geht es mir auf die Nerven. (________)
6. Auch unsere beiden Kanarienvögel – ein ziemlich singfreudiges ________ – wachen ________ des lauten Gesangs auf. (________)
7. Ich bleibe aber ________ am liebsten stumm – ich bin nämlich schon ________ meines Lebens ein Morgenmuffel.
   (________ / ________)
8. Ich gebe einfach keinen einzigen Gedanken ________.
   (________)
9. Ich bin einfach nicht ________, richtig wach zu werden.
   (________)

anfangs, paar, Recht, klasse, rings, Willen, um ... willen, Gesicht, Morgen, morgens, zeit, Preis, statt, Anfang, Schuld, schuld, Paar, Dank, dank, Klasse, angesichts, Zeit, preis, willens

10. Ich bevorzuge ________________ vieler Worte, den Vögeln zuzuhören. (______________________)
11. Ich möchte am liebsten noch nicht einmal jemandem ins ________________ sehen.
12. Vielleicht bekomme ich noch einmal einen ________________ für meine Schweigsamkeit.
13. Die Schüler in meiner ________________ finden mich ________________, weil meine Schweigsamkeit cool wirkt. (______________________)
14. Meine Eltern aber sind ________________ meiner Schweigsamkeit schon ganz verzweifelt. (______________________)
15. Sie geben mir daher die ________________ an ihrer schlechten Stimmung.
16. Ich könnte doch wenigstens mal ein ________________ Worte sagen. (______________________)
17. Sie bezweifeln meinen guten ________________.
18. Vielleicht kommt mal eine ____________, in der ich mich ____________ wie ein Vogel fühle und singe. (______________________)
19. Ich würde es ________________ meiner Eltern ________________ wünschen. (______________________)
20. Ihr ________________ wäre mir dann sicher gewiss.
21. Vielleicht haben sie ja ________________.
22. Vielleicht sollte ich mal einen ________________ machen und wenigstens „Guten Morgen!" wünschen.

4

Ergänze fehlende Buchstaben oder Wörter. Muss groß- oder kleingeschrieben werden, oder hast du mehrere Möglichkeiten?

1. Er nimmt an dem Gesangswettbewerb nicht ______________________.
2. Ein großer ______________________ der Zuschauer bedauert dies sehr.
3. Wegen seiner Heiserkeit ist er nicht ______________________ zu singen.
4. Er hat nämlich seit mehreren Tagen (___r hatte sich beim Fahrradfahren zu dünn angezogen) eine starke Grippe.
5. Er kann nur ______________________ von Medikamenten das hohe Fieber senken.
6. Die Medikamente gehen aber auch ______________________ seines Kreislaufs – ___ie senken nämlich den Blutdruck.
7. Sein Papagei geht ihm mit seinem ständigen „___ geht es uns denn?" auf die Nerven.
8. Dieser blöde Vogel ist ______________________, dass er nicht einschlafen kann.
9. Ihm ist so elend ______________________, dass er sein Bett am liebsten gar nicht verlassen würde.
10. Ohne kleine Besuche am Kühlschrank würde er aber ______________________ sterben und dazu ist er nicht ______________________.
11. Inzwischen muntert ihn der Papagei mit einem fröhlichen „___ird schon wieder!" auf.

ICH HAB IM TEST MINUS SIEBEN PUNKTE!
WIE KANN MAN BEI DEM TEST DENN EINE NEGATIVE PUNKTZAHL KRIEGEN?
WAS STEHT DENN IN DER AUSWERTUNG?
„BEÄNGSTIGEND, DU HAST DAS GEHIRN EINES VOGELS."
NUN, DER TEST SCHEINT IMMERHIN GENAU ZU SEIN.

1. **Nominalisierte Adverbien, Präpositionen, Konjunktionen** und **Interjektionen** werden großgeschrieben und sind meist an bestimmten Begleitern erkennbar (Artikel, Pronomen, Zahlwörter, Adjektivattribute). ☐
2. Solche Nominalisierungen treten manchmal paarweise auf. ☐
3. Bei einer nominalisierten, durch Bindestriche verbundenen Wortgruppe dieser Wortarten wird nur das erste Wort großgeschrieben. ☐
4. Die **Grundzahlen** von 0 bis 999.999 schreibt man klein. ☐
5. Nominalisierte Grundzahlen und solche ab 1.000.000 schreibt man groß. ☐
6. **Bruch- und Ordnungszahlen** werden klein- und nur als Nominalisierungen oder bei Zusammenschreibung mit Maßangaben großgeschrieben. ☐
7. **Zahladjektive** werden in der Regel kleingeschrieben. ☐
8. **Sprach- und Farbbezeichnungen** werden nur großgeschrieben, wenn es sich um nominalisierte Adjektive (oft mit Begleiter) handelt. ☐
9. **Adjektive**, die mehrere Personen bezeichnen und **paarweise** benutzt werden, sind ebenfalls Nominalisierungen und werden großgeschrieben. ☐
10. **Nomen** können zu Adjektiven, Adverbien, Präpositionen, unbestimmten Zahlwörtern oder Verbbestandteilen **denominalisiert** werden. Du schreibst sie dann klein. ☐
11. **Eingeschobene Sätze** beginnen **nach** einer **Klammer** oder einem **Gedankenstrich** klein, nach **Anführungszeichen** groß. ☐
12. Bestimmte Wörter können als **Wortgruppen** oder als **feste Zusammensetzungen** betrachtet werden. Als Wortgruppen schreibst du sie getrennt und groß, in Zusammensetzungen werden sie zusammen- und kleingeschrieben. ☐

1

Setze im folgenden Text die fehlenden Anfangsbuchstaben ein. Begründe in deinem Trainingsheft die Groß- bzw. Kleinschreibung jeweils mit der passenden Rechtschreibregel (Stichworte). Gib dir für jede richtig gelöste Aufgabe einen Punkt.

Julia findet den Jugendroman „Löcher" einfach __lasse (1). In ihrer __lasse (2) haben allerdings nur wenige den Roman gelesen. Weltweit sind aber schon einige __underttausende (3) Exemplare verkauft worden. „__arum (4) lest ihr nicht mal dieses tolle Buch?", will Julia von den anderen wissen. Es gibt aber nur __enige (5), die auf diese Frage eine Antwort wissen. Natürlich ist es eine Entscheidung jedes __inzelnen (6), ob er diesen Bestseller lesen möchte oder nicht. Julia glaubt aber, dass dieses Buch __lt und __ung (7) fesseln kann. Es sei eben ein Buch mit dem gewissen __twas (8) – __iner (9) tollen Mischung aus Komik und Spannung. Als in einer Deutschstunde über das __ür und __ider (10) von Computerspielen diskutiert wird, sagt Julia, dass dieser Jugendroman spannender als jedes Computerspiel sei. Dieser Meinung widersprechen aber __inige (11) ihrer Mitschüler. Immerhin sitzt in Deutschland etwa jeder __weite (12) Jugendliche regelmäßig vor einem Computerspiel. Die Schüler diskutieren auch darüber, wer denn __chuld (13) an dieser Entwicklung sei. Julia ist der Meinung, dass niemand daran __chuld (14) habe, ihr aber __ngesichts (15) dieser Situation ein __isschen (16) __ngst (17) werde. Das Hocken vor dem Computer gehe bestimmt zu __asten (18) des Bücher Lesens. Jens ist da aber ganz anderer Meinung: „__ür (19) mich gibt es kein __ntweder-__der (20), sondern nur ein __owohl-__ls-__uch (21). Im __brigen (22) werden auf der ganzen Welt immer noch __illionen (23) von Büchern gelesen. Allerdings muss ich zugeben, dass ich oft nur __bends (24) eine __iertelstunde (25) vor dem Einschlafen ein __aar (26) Seiten schaffe." Die Lehrerin ist vom heftigen __uf und __b (27) der Diskussion unter den Schülern ganz begeistert. Sie erzählt, dass sie die „Löcher“ sogar auf __nglisch (28) gelesen habe. Sie könne aber gar nicht mehr sagen, worum es im __inzelnen (29) in dem Roman gehe. Für eine __ins (30) in Deutsch müsse ein Schüler aber unbedingt sehr __iel (31) lesen. Rechtschreib- und Grammatikprobleme entstünden oft __ufgrund (32) von Lesemangel. Sie gebe aber jetzt auch noch ein Geheimnis __reis (33): Seit __wei (34) Monaten habe sie keinen __inzigen (35) Roman mehr gelesen.

In diesem Test kannst du insgesamt 35 Punkte erreichen.

Gesamtpunkte: max. 35

32 – 35 Punkte:
Klasse! In der Groß- und Kleinschreibung bist du ganz groß.

19 – 31 Punkte:
Schon recht gut, aber du kannst dich sicher noch verbessern.

0 – 18 Punkte:
Wiederhole das Kapitel einfach. Anschließend klappt es bestimmt besser.

2 Zusammen- und Getrenntschreibung

2.1 Schwierige Fälle: Konjunktionen und Zahlen

Verbindungen mit ***irgend-*** werden in der Regel zusammengeschrieben. Nur wenn der zweite Bestandteil erweitert ist, schreibt man diese Verbindungen getrennt.

irgendwer, irgendwo
irgend *so* einer, irgend *so* etwas *(erweitert)*

Konjunktionen für **Nebensätze**, die aus Wortverbindungen bestehen, werden zusammengeschrieben. Bei einer anderen Bedeutung schreibt man diese Wortverbindungen getrennt. Die Konjunktion *sodass* kann auch als *so dass* geschrieben werden.

Ihr Fuß schwoll an, **nachdem** sie eine Biene gestochen hatte.
Aber: **Nach dem** Stich einer Biene schwoll ihr Fuß an.
Sie rieb den Fuß mit einer Salbe ein, **sodass / so dass** sie wieder einen Schuh anziehen konnte.

Zahlen unter einer Million schreibt man **klein und zusammen**, von einer Million aufwärts schreibt man sie **groß und getrennt**.

einhundertundzehn, fünfzehntausend
eine Million, fünfzehneinhalb Millionen

Zusammensetzungen mit Zahlen oder Ableitungen von Zahlen schreibt man zusammen. Verbindungen mit dem **Nomen *Jahr*** können **auch getrennt** geschrieben werden. Die Ableitung auf *-er* wird dann kleingeschrieben.

vierfach, der Tausendfüßler, die Zehnerkarte,
die Sechzigerjahre / die sechziger Jahre

Bruchzahlen auf *-tel* vor einer Maßangabe können **getrennt und kleingeschrieben** oder **groß- und zusammen**geschrieben werden.

Das viertel Pfund, das Viertelpfund

1

Setze die passenden Wörter aus der Liste ein.

irgendeiner, nachdem, irgend so etwas, irgendetwas, so bald, soweit, irgendwann, nach dem, irgend so ein, sobald, so weit

1. Da hat mir doch ____________________ die Luft aus den Reifen gelassen!
2. Vielleicht war das ____________________ Esel aus der 8c.
3. Vielleicht war es auch jemand, der ____________________ gegen mich hat.
4. Ich habe schon die ganze Zeit ____________________ befürchtet.
5. ____________________ musste so etwas passieren.
6. ____________________ ich sehen kann, ist nur das Ventil losgedreht.
7. Die Ventilmutter ist nur gerade ____________________ losgedreht, dass die Luft ganz langsam entwichen ist.
8. ____________________ mir dieser Streich gespielt worden ist, habe ich immer eine Luftpumpe dabei.
9. ____________________ Wochenende werde ich versuchen, den Täter zu finden.
10. ____________________ ich ihn gefunden habe, werde ich das all meinen Freunden erzählen.
11. Dann wird er so etwas nicht ____________________ wieder versuchen.

2

Wähle passende Wörter aus der Liste aus. Einige Wörter kannst du auch mehrmals einsetzen.

so lange, nach dem, sobald, irgendwo, so lange, so oft, soweit, nachdem, solange, irgendwann, so dass / sodass, irgend so eine, irgendwie, obwohl, irgendjemand, irgendetwas, so bald, ob wohl

1. Mein Patenonkel hat mir ________________ alte Geige zum Geburtstag geschenkt.
2. ________________ ich mich zuerst gefreut habe, möchte ich dieses Geschenk jetzt am liebsten zurückgeben.
3. Ich muss nämlich jeden Tag üben, ________________ ich die Geige gerne anzünden würde.
4. ________________ ich weiß, kann man Haltungsprobleme vom Geigenspielen bekommen.
5. ________________ Üben habe ich immer einen steifen Hals.
6. ________________ ich ________________ einmal ein berühmter Violinist bin, werde ich zur Belohnung in der ganzen Welt herumreisen.
7. Jedenfalls werde ich ________________ mein Leben genießen, ________________ ich keine Konzerte geben muss.
8. Ich bin gespannt, ob ich ________________ mal für meine Qualen belohnt werde.
9. ________________ ich viel übe, wird das aber noch nicht ________________ der Fall sein.
10. Ich frage mich manchmal, ________________ ________________ mit mir tauschen möchte.

3

Schreibe die Ziffern als Wörter aus oder finde eine passende Zusammensetzung mit einer Zahl. Entscheide jeweils, ob getrennt oder zusammengeschrieben wird oder beide Schreibweisen möglich sind.

1. Neulich habe ich ______________________________ **(40.000.000)** Euro im Lotto gewonnen.
2. Davon habe ich dann ______________________________ **(999.000)** Euro für meine neue Villa ausgegeben.
3. Bis zu diesem Lottogewinn hatte ich ______________________________ **(Zeitraum von mehrfach 10 Jahren)** erfolglos gespielt und insgesamt ______________________ **(1.000)** Euro verloren.
4. Dann habe ich aber das System mit der ______________________________ **(100 %)** Gewinnchance herausgefunden.
5. Ich bin eben ein richtiger ______________________________ **(Multitalent)**.
6. Jetzt esse ich jeden Morgen ______________________________ **(1/4 kg)** Kaviar und damit achtmal so viel wie der reichste Mann der Welt.
7. Jeden Morgen ermittle ich dann mein Körpergewicht bis auf ______________________________ **(1/10 g)** genau.
8. In den ______________________________ **(1990 – 1999)** waren die Lottogewinne noch nicht so riesig wie heute.
9. Hin und wieder konnte ich zwar einen ______________________________ **(Geldschein im Wert von 10.– DM)** im Lotteriegeschäft abholen, aber die richtig großen Gewinne waren in diesem ______________________________ **(Zeitraum von 10 Jahren)** nicht möglich.

2.2 Bindestrich und Apostroph

Der Bindestrich

Gleichrangige Adjektive und **Zusammensetzungen** von Wörtern **mit Abkürzungen**, **Buchstaben** oder **Ziffern** werden in der Regel durch Bindestriche miteinander verbunden.

die schwarz-rote Krawatte (gleichrangige Adjektive)
die Musik-CD (Zusammensetzung mit Abkürzung)
x-mal (Zusammensetzung mit Buchstabe)
5-mal (Zusammensetzung mit Ziffer)
20-prozentig

Ebenso werden **zusammengesetzte Abkürzungen** mit Bindestrich geschrieben.

Dipl.-Ing.

Bei **mehrgliedrigen Zusammensetzungen** mit Abkürzungen, Buchstaben oder Ziffern werden alle Bestandteile mit Bindestrichen verbunden.

der 5-Euro-Schein
das A-Dur-Konzert
der 12-Zylinder-Motor

Ebenso werden **nominalisierte Infinitive und Wortgruppen** (besonders mit Eigennamen) mit **mehr als zwei Bestandteilen** in der Regel durch Bindestriche miteinander verbunden.

Das ist ja zum In-die-Luft-Gehen. (nominalisierter Infinitiv)
Kopf-an-Kopf-Rennen (Wortgruppe)
Heinrich-Böll-Gesamtschule (Eigenname)

Ein Bindestrich kann, muss aber nicht gesetzt werden, wenn ein **Bestandteil einer Zusammensetzung** besonders **hervorgehoben** werden soll, **drei gleiche Buchstaben** in einer Zusammensetzung aufeinander folgen oder die Zusammensetzung eine **Ziffer** sowie die **Endung** ***-fach*** enthält.

Wir-Gefühl / Wirgefühl
Bass-Saite / Basssaite
8-fach / 8fach

Um die Lesbarkeit zu verbessern, können bei **unübersichtlichen Zusammensetzungen** gleichfalls Bindestriche gesetzt werden.

Lotto-Annahmestelle / Lottoannahmestelle
Schwarz-Weiß-Aufnahme / Schwarzweißaufnahme

Ein Bindestrich kann auch als **Ergänzungsstrich** benutzt werden, um anzuzeigen, dass ein Wortteil in einer Aufzählung eingespart wird.

Wild- und Haustiere
mühe- und sorgenlos

Ein Bindestrich wird nicht gesetzt, wenn ein Adjektiv die Bedeutung eines zweiten Adjektivs verändert.

lauwarm
tiefgrün

Der Apostroph

Den **Apostroph** verwendet man als **Auslassungszeichen** für fortgelassene Buchstaben sowie für adjektivische Ableitungen von Eigennamen, wenn sie großgeschrieben werden.

's ist noch viel zu früh. (statt: Es ist noch viel zu früh.)
Ringelnatz' Gedichte (statt: Ringelnatzens Gedichte)
die Mozart'schen Kompositionen

Wenn bei bestimmten Verbformen (1. Person Singular, Imperativ) das Endungs-*e* weggelassen wird, setzt man kein Apostroph. Bei verkürzten Nomen oder Adjektiven wird gleichfalls kein Apostroph gesetzt.

Ruf(e) doch mal an! (Imperativ)
Das find(e) ich aber blöd(e). (1. Person Sg. / verkürztes Adjektiv)

Entfällt im Wortinnern ein unbetontes *-e-*, steht kein Apostroph.

im Trock(e)nen

Bei gängigen Verschmelzungen von Präpositionen und Artikeln steht in der Regel kein Apostroph.

durchs (durch das) Fenster, unterm (unter dem) Tisch

1

Bilde jeweils passende Wortgruppen oder Zusammensetzungen. Werden sie mit oder ohne Bindestrich und groß- oder kleingeschrieben?

1. Der tiefrote ____________ Zirkusvorhang öffnet sich. (tief*rot)
2. Der Direktor des ________________________________ begrüßt die Zuschauer. (spaß*abenteuer*zirkus)
3. Er preist sein Unternehmen als ____________________ an. (welt*wunder)
4. Hier gelte nicht das Motto „Entweder Spannung oder Spaß", sondern immer ein ____________________. (sowohl*als auch)
5. Das Zirkusorchester mit seinen ____________________ Uniformen bläst einen Marsch in ______________. (grün*weiß / a*moll)
6. Ein ____________________ möchte seinen Kindern als Experte für Raubtiere die Löwendressur erklären. (dipl.*biol.)
7. Als erstes zeigt er seinen Kleinen das ____________________, dem sich alle anderen Raubkatzen unterordnen müssen. (alpha*tier)
8. Für wissenschaftlich besonders interessant hält er die ______________ ____________________. (löwen*tiger*dressur)
9. Besonders bei den Hochseilartisten ist ____________________ Spannung garantiert. (hundert*prozentig)
10. Schließlich versprechen sie ja einen ____________________ Salto. (zehn*fach)
11. Beim Training haben sie alles bis auf den ______________ vorbereitet. (i*punkt)
12. Durch das viele ________________________________ haben sie allerdings alle eine Glatze. (auf*dem*kopf*stehen)

13. Das ______________________ ist diesmal besonders lustig geraten.

(clown*make*up)

14. Der Zauberer verspricht seinen weltberühmten

______________________. (kaninchen*trick)

15. Aus einem ____________ wolle er sämtliche Tiere hervorziehen. (tee*ei)

16. Die Schlangenfrau verbeugt sich mit einer ______________________

Schlangenbewegung. (s*förmig)

17. Im ______________________ essen viele Zuschauer

ein leckeres chinesisches Gericht mit ________________ Sauce.

(zirkus*restaurant / süß*sauer)

18. Leider ist das Essen nur noch ________________. (lau*warm)

19. Die Kinder haben schon ______________ gebettelt, eine

______________________ am Ausgang kaufen zu dürfen. (x*mal /

zirkus*dvd)

2

Ersetze passende Wörter oder Wortgruppen jeweils durch eine der Zusammensetzungen aus der Liste und schreibe die Sätze in dein Trainingsheft. Welche dieser Zusammensetzungen kann auch ohne Bindestrich geschrieben werden?

x-mal, 100-prozentig, i-Punkt, S-Kurve, Univ.-Prof., ~~tiefrot~~

1. Am Ende eines Sonnentages bekommt der Himmel eine intensive rote Farbe.

   Am Ende eines Sonnentages bekommt der Himmel eine tiefrote Farbe.

2. Nach seinem langen Studium möchte Herr Schmitz in Briefen auf jeden Fall mit Herr Universitätsprofessor angeredet werden.
3. Ich habe dir schon sehr oft gesagt, du sollst mich damit in Ruhe lassen.
4. Kein vernünftiger Mensch würde reinen Alkohol trinken.
5. Familie Müller bereitet ihre Ferien immer ganz genau vor.
6. Der gefährlichste Teil der Rennstrecke besteht aus zwei dicht hintereinander folgenden Kurven.

3

Setze passende Zusammensetzungen mit Bindestrichen ein und ersetze, wenn möglich, Wortteile durch Ergänzungsstriche.

1. In dieser Tanzschule werden ______________________________ ______________________________ **(Anfängerkurse und Fortgeschrittenenkurse)** angeboten, bei denen oft neueste ____________**CDs** abgespielt werden.
2. Die meisten Tänze dort sind Walzer und daher im ______________**Takt**.
3. In dem Haus gibt es ______________________________ ______________________________ **(die Tanzschule, eine Akrobatikschule und eine Sprachschule)**.
4. Die Sprachschule nennt sich sogar **Johann-Wolfgang**______________ ______________ und betont damit ihren hohen literarischen Anspruch.

5. Ich wäre am liebsten ______________________________

____

(ein Tanzgenie, ein Zirkusgenie und ein Sprachgenie).

6. Leider bin ich aber total, ja sogar ______________ prozentig

____

(bewegungsfaul, lernfaul und denkfaul).

7. Dieses Problem macht mich rasend und ist zum ______________

Gehen.

4

Verkürze oder ersetze alle passenden Wörter durch Wörter mit oder ohne Apostroph.

1. Heute ist das Wetter so trübe und regnerisch.

   Heut ist das Wetter so trüb und regnerisch.

2. In einem trockenen warmen Zimmer ist es da doch am schönsten.

   ____

3. Komme, setze dich zu mir auf das Sofa!

   ____

4. Da sitzt sich es doch am bequemsten.

   ____

5. Erzähle mir doch bitte noch ein Märchen der Gebrüder Grimm.

   ____

6. Die höre ich viel lieber als die Gedichte von Goethe.

   ____

7. Bleibe ganz ruhig, das Wetter wird bald wieder besser.

   ____

8. Vielleicht gibt es ja heute Nachmittag noch ein bisschen Sonne.

   ____

1. **Verbindungen mit *-irgend*** werden, sofern sie nicht erweitert sind, zusammengeschrieben. ☐
2. **Konjunktionen**, die **aus Wortverbindungen** bestehen, werden zusammengeschrieben. ☐
3. **Zusammensetzungen mit Zahlen** oder **Ableitungen von Zahlen** werden zusammengeschrieben. ☐
4. **Zahlen unter einer Million** schreibt man klein und zusammen, **von einer Million aufwärts** schreibt man sie groß und getrennt. ☐
5. **Zusammensetzungen mit** dem **Nomen *Jahr*** können zusammen- oder getrennt geschrieben werden. ☐
6. **Bruchzahlen auf *-tel*** vor einer Maßangabe schreibst du zusammen und groß oder getrennt und klein. ☐
7. Gleichrangige Adjektive, Zusammensetzungen mit Abkürzungen, Buchstaben oder Ziffern sowie nominalisierte Infinitive und Wortgruppen (besonders mit Eigennamen) mit mehr als zwei Bestandteilen werden in der Regel durch **Bindestriche** miteinander verbunden. ☐
8. Ein Bindestrich kann in Zusammensetzungen gesetzt werden, um eine bessere Lesbarkeit oder Verständlichkeit zu erreichen. ☐
9. Ein Bindestrich darf nicht bei zusammengesetzten Adjektiven verwendet werden, wenn ein Adjektiv die Bedeutung eines anderen verändert. ☐
10. Ein Bindestrich kann auch als Ergänzungsstrich bei Weglassen eines Wortteils in Aufzählungen mit gleichen Wortteilen verwendet werden. ☐
11. Den **Apostroph** verwendet man als Auslassungszeichen für fortgelassene Buchstaben, die im Regelfall nicht weggelassen werden, sowie für adjektivische Ableitungen von Eigennamen, die großgeschrieben werden. ☐
12. Entfällt bei bestimmten Verbformen (1. Person Singular, Imperativ) das Endungs-*e* oder im Wortinnern ein unbetontes *-e-*, steht kein Apostroph. Auch bei verkürzten Nomen und Adjektiven setzt man kein Apostroph. Die üblichen Verschmelzungen von Präpositionen und Artikeln schreibst du in der Regel ebenfalls ohne Apostroph. ☐

1

Forme die folgenden Sätze in deinem Trainingsheft so um, dass sie eine Zusammensetzung mit oder ohne Bindestrich enthalten. Gib dir für jeden richtig umgewandelten Satz einen Punkt.

1. Stolz hielt der Angler einen zehn Pfund schweren Fisch vor die Kamera.

   Stolz hielt der Angler einen Zehnpfünder vor die Kamera.

2. Das letzte Mal war solch ein Fisch zu einem unbekannten Zeitpunkt zwischen 1980 und 1989 gefangen worden.
3. Eigentlich wog der Fisch sogar noch 125 Gramm, also den vierten Teil eines Pfunds mehr als 10 Pfund.
4. Begeistert begleiteten die Frösche im Teich die Pressekonferenz des Anglers mit einem Konzert in Dur.
5. Der Fisch war nicht nur besonders groß, sondern besaß auch rote und blaue Streifen.
6. In dem Moment, als aber der Angler seinen Griff etwas lockerte, sprang der Fisch mitten unter die Journalisten.
7. Das Gesicht des Anglers wurde vor Aufregung rot wie bei einem Puter.
8. Der Fisch sprang zielstrebig auf die Toilette des Anglervereins zu.
9. Der arme Angler hatte ein Gefühl, als müsste er gleich aus der Haut fahren.
10. Ein unbekannter Journalist hielt die ganze Szene mit einer Kamera auf einer DVD fest.
11. Der arme Fisch sprang aber nur wegen einer Grippe, die Magen und Darm befallen hatte, so eilig zur Toilette.

Punkte: / max. 10

2

Verkürze geeignete Wörter in den folgenden Sätzen durch einen Bindestrich, das Weglassen von Buchstaben oder einen Apostroph. Trage deine Lösungen ins Trainingsheft ein. Gib dir für jeden richtig verkürzten Satz einen Punkt.

1. Ich finde Autorennen, Skirennen und Fahrradrennen ziemlich blöde.

   Ich find Auto-, ...

2. Auch die Leistungen von Schumacher können mir nicht imponieren.
3. Ich lese lieber Romane von Böll.
4. Am ehesten lässt es sich noch bei Schildkrötenrennen aushalten, weil ich dabei ganz ruhig bleibe und einfach weiterlese.
5. Schildkrötenrennen sind Rennsport, Denksport und Leistungssport in einem und machen so wunderbar müde.
6. Schaue dir doch mal so ein Rennen an und sage mir, wie du es findest.

Punkte: max. 6

Gesamtpunkte: max. 16

In diesem Test kannst du insgesamt 16 Punkte erreichen.

14–16 Punkte:
Die schwierige Zusammen- und Getrenntschreibung bereitet dir keine Probleme.

9–13 Punkte:
Bestimmt kannst du dich noch verbessern.

0–8 Punkte:
Am besten wiederholst du dieses Thema noch einmal.

MANN, ICH HAB' JETZT ABER GENUG VON DEN BLÖDEN ÜBUNGEN!
PRIMA, DU KANNST SOFORT AUFHÖREN!
WIRKLICH?
JA, DANN KANNST DU DIE WIESE MÄHEN, DIE BÜSCHE ENTLAUSEN, DEN ENTENTEICH SAUBER-MACHEN, UND DER ZAUN MÜSSTE MAL WIEDER GESTRICHEN WERDEN.
OH, DA SEH' ICH, DASS ICH VIEEEL ZU WENIG GEÜBT HAB'...

3 Knifflige Fälle: Homophone

Wörter mit gleicher Aussprache, aber unterschiedlicher Bedeutung und Schreibweise nennt man Homophone. Man unterscheidet folgende Arten von Homophonen:

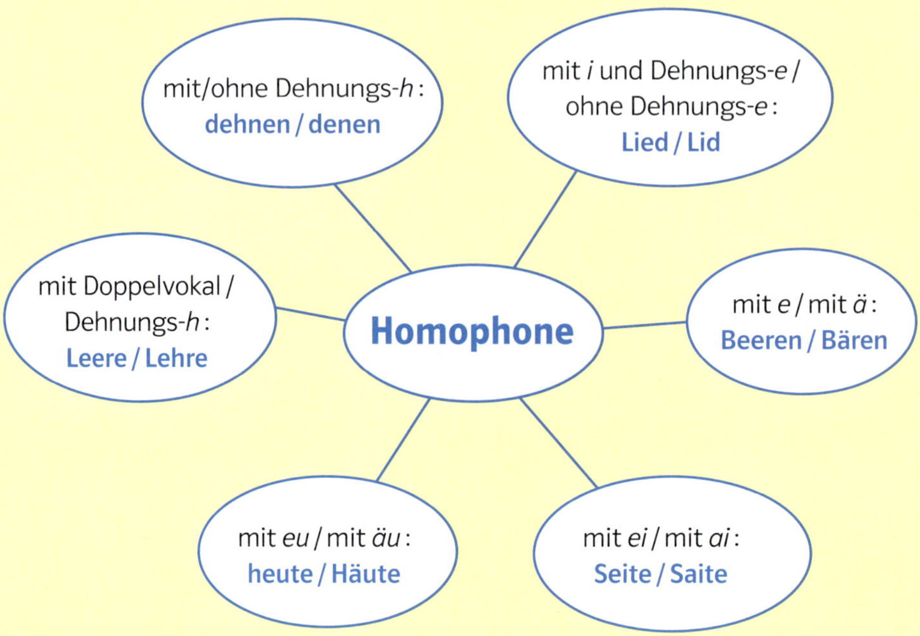

Alle Wörter in der **Wortfamilie** eines Homophons behalten die Schreibweise des **Stammworts** bei.

Beeren – Beerenstrauch, Beerenobst
Bären – bärenstark, Bärenhunger

Die Homophone **wieder / wider** tauchen in vielen Zusammensetzungen auf. Das Homophon *wieder* hat die Bedeutung *nochmals / noch einmal*, das Homophon *wider* die Bedeutung *gegen*.

etwas wiederholen (= etwas noch einmal tun)
widersprechen (= gegen etwas sein)

Für die richtige Schreibweise von Homophonen musst du im Zweifelsfall im **Wörterbuch** nachschlagen.

1

Setze das passende Homophon in die Lücke.

1. Bei diesem _Mahl_ erlebte ich zum ersten ________ in meinem Leben, dass Essen ein Luxus sein kann. **(Mahl / Mal)**
2. Es ________ tatsächlich ________ : Ich hatte im Lotto gewonnen. **(wahr / war)**
3. Menschen, ________ etwas an ihrer Gesundheit liegt, sollten jeden Morgen ihre Muskeln ________ . **(dehnen / denen)**
4. Er bezweifelt die ________ des großen Philosophen, dass innere ________ wichtig für die Öffnung des Geistes ist. **(Leere / Lehre)**
5. Bei diesem traurigen ________ fallen mir regelmäßig die ________ zu. **(Lid / Lied)**
6. Wenn auf dieses ________ nicht bald ein kräftiger Regen ________ , wird das Getreide verdorren. **(Feld / fällt)**
7. Der Trödler übernimmt keine ________ dafür, dass man mit dem uralten ________ noch einen Schuss abfeuern kann. **(Gewehr / Gewähr)**
8. Es ist ________ im Unterschied zu früher streng verboten, die ________ von Krokodilen zu Handtaschen zu verarbeiten. **(heute / Häute)**
9. Auf welche ________ hat denn dieses Kind seine Eltern verloren und ist zur ________ geworden? **(Waise / Weise)**

2

Setze passende Homophone ein und achte auf die richtige Form. Schau dir auch die Illustrationen an. Bei einigen Lösungen helfen sie dir.

1. Für jeden Bauer ist es eine große ______________, für eine besonders gute Getreideernte die goldene ______________ zu erhalten.

2. Mit sorgenvoller ______________ betrachtete der Sprengstoffexperte die ______________ aus dem Zweiten Weltkrieg.

3. Wenn die Kirchenglocken ______________, wird manchen ______________ feierlich zumute.

4. Nach zwei Wochen Hollandurlaub hatte sie keine Lust ______________, auf's graue ______________ zu schauen.

5. Die Küstenbewohner versuchten, sich mit hohen ______________ vor den gefährlichen ______________ zu schützen.

6. Picasso beschloss, erst den Kaffee zu ______________, bevor er zu ______________ begann.

7. Durch die plötzliche ______________ des Segelboots fielen die Bilder von den ______________ der Kajüte.

8. Der Pferdezüchter beschloss, ______________ für seine Pferde an einer geschützten ______________ zu bauen.

9. Einen Apfel mit Stumpf und ______________ zu essen, ist kein guter ______________.

10. Der Kapitän hatte die ______________: Entweder umschiffte er den ______________ in einem weiten Bogen oder er versuchte ihn mit der Schiffssirene zu vertreiben.

3

Ergänze die Lücken jeweils durch die Homophone *wieder* oder *wider*.

1. Dieses verdorbene Stück Fleisch ist ja _______________lich.
2. Als Aasfresser findet ein Hund dies _______________um gar nicht schlimm.
3. Einen Salatkopf zu fressen – das wäre aber _______________ seine Natur.
4. Diese Wiese dürfen Hunde nicht betreten. Zu_______________handlungen werden sogar strafrechtlich verfolgt.
5. Das ist _______________ typisch für die Stadtverwaltung: Kein Verständnis für Hundeliebhaber!
6. Dabei liebt mein _______________spenstiger Hund gerade gepflegte Parkwiesen.
7. Dort trifft er nämlich immer seinen alten _______________sacher und kann mit ihm herumbalgen.
8. Neulich gab es _______________ mal eine Überraschung: Im Park lagen fünfzig Kühe herum und käuten _______________.
9. Da hat der Bauer bestimmt _______________rechtlich gehandelt.
10. Es wäre ja auch völlig _______________sinnig, den Hunden die Wiese zu verbieten und sie den Kühen zu erlauben.
11. Bevor ich anfange, mich zu _______________holen, und Sie meine Ausführungen an_______________n, sage ich jetzt lieber „Auf _______________lesen!"

Grammatik und Zeichensetzung

4 Wort- und Satzlehre

4.1 Das treffende Wort

Um beim Verfassen von Texten, aber auch beim freien Vortrag das treffende Wort zu finden, d.h. das Gemeinte genau auszudrücken, brauchst du ein Grundwissen über die Wörter und ihre Bedeutungen.

Denotation und Konnotation

Die meisten Wörter besitzen eine begriffliche **(denotative)** Bedeutung, die im Wörterbuch erläutert ist, und eine gefühls- bzw. fantasiebezogene **(konnotative)** Bedeutung, die man auch mit diesem Wort verbindet (assoziiert) und die für jeden unterschiedlich sein kann.

Winter
denotativ: kalte Jahreszeit
konnotativ: Weihnachten, Schlittenfahren, Heizung, Schnee, Gemütlichkeit, Frieren, heiße Schokolade …

Ober- und Unterbegriffe

Man unterscheidet bei einem großen Teil der Wörter zwischen **Oberbegriffen**, die sehr allgemein sind und ein weites Bedeutungsfeld besitzen, und **Unterbegriffen**, die genauer sind und ein engeres Bedeutungsfeld umreißen.
Jeder Oberbegriff bezeichnet die **Gemeinsamkeiten** einer Gruppe von Unterbegriffen möglichst genau.

Oberbegriff: Sitzgelegenheit
Unterbegriffe: Stuhl, Sessel, Sofa, Bank …
Oberbegriff: Möbel
Unterbegriffe: Stuhl, Sessel, Schrank, Tisch …
Oberbegriff: sich fortbewegen
Unterbegriffe: gehen, laufen, fahren, fliegen …

Wortfeld

Bedeutungsverwandte Wörter bilden ein **Wortfeld**. Die feinen Bedeutungsunterschiede sind wichtig, wenn es um die Wahl des **treffenden Wortes** geht.

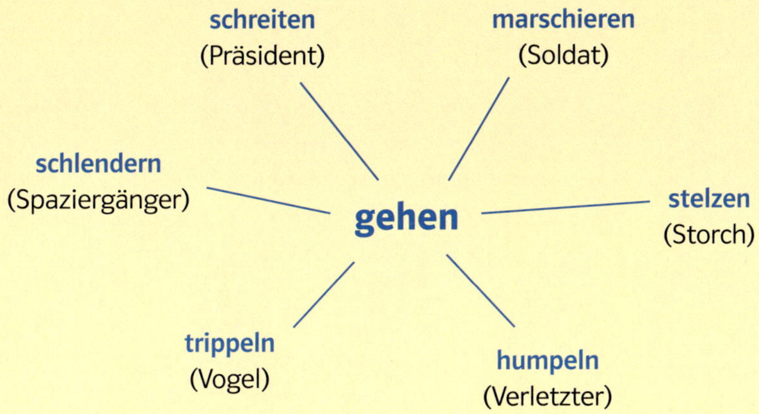

Synonyme, Homonyme, Antonyme

Wörter mit fast gleicher Bedeutung nennt man **Synonyme**.

laufen – rennen – spurten

Gleich lautende und geschriebene Wörter mit unterschiedlichen Bedeutungen nennt man **Homonyme**. Im Wörterbuch findest du Homonyme unmittelbar hintereinander.

Bank: Sitzgelegenheit – Geldinstitut
wagen/Wagen: riskieren – Gefährt

Wörter mit entgegengesetzter Bedeutung nennt man **Antonyme**.

groß – klein
Verzweiflung – Hoffnung

Übertragene Bedeutung

Wörter oder Wortgruppen können auch eine neue, bildhafte, also nicht wörtliche Bedeutung bekommen und eine **Metapher** bilden. Solche Metaphern gibt es oft in **Redewendungen**. Im Wörterbuch findest du diese unter der **figurativen** (übertragenen) Bedeutung des zentralen Wortes.

Sie kann kein **Wässerchen** trüben. (= Sie kann niemandem etwas zuleide tun.)

1

Welche der folgenden Wortbedeutungen sind denotativ, welche konnotativ?

Klassenfahrt:

Wanderungen, Schlafmangel, organisierte Gruppenfahrt, Bus fahren, Tischdienst, Streiche, Reisetasche, mehrtägige Reise einer Schulklasse, Aufsicht, Taschengeld, Viererzimmer, Spüldienst, Nachtruhe, Besichtigung, pädagogische Unternehmung, Bahnhof

denotativ: ______________________________

____

____

____

konnotativ: ______________________________

____

____

____

Star:

Kino, Schlager, Jubel, berühmte Persönlichkeit, Musik, Fans, Show, Konzert, Massenpublikum, Auffälligkeit, von den Massenmedien stark beachteter Mensch, Bewunderung, Eintrittskarten, Verehrung, Kult, Mensch mit hohem Bekanntheitsgrad, Auftritt, Zugabe

denotativ: ______________________________

____

____

____

konnotativ: ______________________________

____

____

____

2

Ergänze das zweite Wörterpaar so, dass sich eine zum ersten Wörterpaar parallele Beziehung der denotativen Wortbedeutungen ergibt.

1. Stamm: Baum → Stängel: *Blume*
2. Apfel: Schale → Körper: ____________
3. Ton: Musik → Wort: ____________
4. Trauer: weinen → Freude: ____________
5. Insel: Meer → Oase: ____________
6. Meer: Wasser → Wüste: ____________
7. Gewehr: Kugel → Bogen: ____________
8. Milch: Kuh → Wolle: ____________

3

Welche dieser Wörter sind Unter-, welche Oberbegriffe? Ordne die Wörter in das Schema ein.

Saiteninstrument – Orgel – Gitarre – Jagdhorn – Keyboard – Geige – Blasinstrument – Kontrabass – Tasteninstrument – Musikinstrument – Flöte – Klavier – Trompete

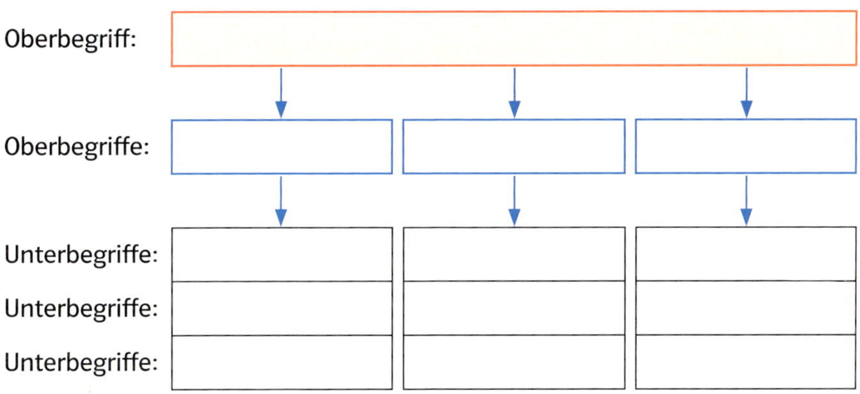

4

Ergänze die folgenden Wortfelder, indem du das allgemeine Wort unter den Kreis schreibst oder jeweils zwei Wörter im Kreis ergänzt.

a) flattern
b) schweben
c) gleiten

1. ______________________

a) rennen
b) ______________________
c) ______________________

4. laufen

a) hüpfen
b) ______________________
c) ______________________

2. springen

a) schmökern
b) entziffern
c) überfliegen

5. ______________________

a) Hass
b) Missfallen
c) Antipathie

3. ______________________

a) grübeln
b) ______________________
c) ______________________

6. denken

5

Welches Wort passt jeweils nicht in die Reihe. Streiche es durch.

1. Abfall – Müll – Verlust – Unrat
2. Idee – Einfall – Zufall – Gedanke
3. Gefährte – Freund – Kamerad – Mitglied
4. Kirche – Religion – Tempel – Moschee
5. Wolle – Zwirn – Garn – Stoff
6. Pflock – Pfahl – Stamm – Pfosten
7. Aussprache – Ansprache – Rede – Vortrag
8. Sprung – Riss – Spalte – Bruch
9. Schimmer – Glanz – Strahlen – Schein
10. Ozean – Gewässer – Meer – See
11. Rast – Unterbrechung – Ruhe – Pause
12. Schande – Schimpf – Scheu – Schmach

6

Welche Homonyme verbergen sich hinter diesen Rätseln? Achte auf die richtige Schreibweise.

1. Man mäht ihn und sollte es nicht auf der Autobahn tun. ____________
2. Er wird bedient, und man bekommt sie als gute oder schlechte Nachricht zu hören. ____________
3. Man kann mit ihnen Mäuse fangen, und es kann dem passieren, der stolpert. ____________
4. Man kann auf diese Weise bezahlen, aber auch einen Cocktail an ihr trinken. ____________
5. Man kann von ihm einen steifen Hals bekommen, aber mit ihm auch weite Reisen machen. ____________
6. Man zieht sich besonders fein an, um ihn zu besuchen und auf ihm zu tanzen, und kann ihn auch durch die Luft werfen. ____________
7. Auf ihnen rollen die meisten Fahrzeuge, und es geschieht im Herbst mit den Äpfeln auf den Bäumen. ____________
8. Der Bauer verschließt damit seine Scheune, und begeistert rufen dieses Wort die Zuschauer im Fußballstadion. ____________

7

Finde jeweils das passende Antonym.

1. nachgeben: *beharren* ______
2. kontaktfreudig: ______
3. Motivation: ______
4. plappern: ______
5. hell: ______
6. fasten: ______
7. Hoffnung: ______
8. Wirklichkeit: ______
9. Tage: ______
10. sich beeilen: ______

8

Ordne jeder Redewendung die passende Bedeutung (a – l) zu. Unter welchen Wörtern kannst du die Bedeutung im Wörterbuch finden?

Redewendungen

1. sich den Wind um die Nase wehen lassen ______
2. das Wasser bis zum Hals stehen haben ______
3. ein Schlag ins Wasser sein ______
4. mit allen Wassern gewaschen sein ______
5. Viel Wasser wird den Rhein hinunterlaufen. ______
6. Es herrscht ein rauer Wind. ______
7. Wind von etwas kriegen ______
8. nah am Wasser gebaut haben ______
9. viel Wind um etwas machen ______
10. jemandem das Wasser abgraben ______
11. ein stilles Wasser sein ______
12. seinen Mantel nach dem Wind hängen ______

Bedeutungen

a) Schaden zufügen / Erfolg mindern
b) seine Meinung zum eigenen Vorteil den Verhältnissen anpassen
c) schnell in Tränen ausbrechen
d) Lebenserfahrung in der Fremde sammeln
e) seine Gedanken und Gefühle nicht offen zeigen
f) völlig misslingen
g) sich in einer sehr schwierigen Lage befinden
h) etwas aufbauschen, viel Aufhebens um etwas machen
i) sehr erfahren bzw. schlau sein
j) lange Zeit dauern
k) etwas trotz Geheimhaltung erfahren
l) ein unfreundlicher, strenger Umgangston

9

Welche Redewendungen sind gemeint und welche Bedeutungen haben sie?

4.2 Relativsatz und Partizipialattribut

Es gibt verschiedene Arten, Attribute zu einem Nomen zu bilden. Dabei unterscheidet man grundsätzlich zwischen Links- und Rechtsattributen.

Relativsätze stehen rechts von ihrem Bezugsnomen und sind daher **Rechtsattribute**.

Jeder Relativsatz wird von einem **Relativpronomen** eingeleitet. **Genus** und **Numerus** des Relativpronomens hängen vom Bezugsnomen ab, der **Kasus** des Relativpronomens von dessen Funktion im Relativsatz.

Relativpronomen können folgende syntaktische Funktionen haben:

a) Subjekt
   Das Fahrrad, **das** ein Geschenk meines Vaters ist, wird von meinen Freunden bewundert.
b) (evtl. präpositionales) Objekt
   Der Fahrradreifen, **den** ich gestern geflickt habe, ist wieder platt.
   Das Fahrrad, **auf das** ich gewartet habe, steht endlich vor der Haustür.
c) adverbiale Bestimmung
   Das Fahrrad, **mit dem** ich jeden Tag zur Schule fahre, hat einen platten Reifen.
d) Attribut
   Das Fahrrad, **dessen** Reifen ich gestern geflickt habe, muss ich heute putzen.

Partizipialattribute sind **Linksattribute** und enthalten mindestens ein **Partizip Präsens** (I) mit aktiver oder ein **Partizip Perfekt** (II) mit meist passiver Bedeutung und oft weitere vom Partizip abhängige Wörter. Das Partizip steht immer unmittelbar vor dem dazugehörigen Nomen.

Meine **perfekt Russisch sprechende** Schwester studiert in Moskau. (Partizipialattribut mit Partizip I)

Das **von einem berühmten Schauspieler vorgelesene** Gedicht begeistert die Zuhörer. (Partizipialattribut mit Partizip II)

Partizipialattribute können durch bedeutungsgleiche **Relativsätze ersetzt** werden. Das **Relativpronomen** steht bei solchen Umformungen im **Nominativ**, ist also das Subjekt des Relativsatzes.

Partizipialattribut:
Das **vor einer Stunde frisch geputzte** Fahrrad ist schon wieder schmutzig.
Umformung in einen Relativsatz:
Das Fahrrad, **das vor einer Stunde frisch geputzt worden ist**, ist schon wieder schmutzig.

1

Setze in den folgenden Sätzen die fehlenden Relativpronomen ein und bestimme sie – Subjekt, Objekt, adverbiale Bestimmung oder Attribut?

1. Es gibt Computerspiele, *mit denen* Ungeübte überhaupt nicht zurechtkommmen.
   Relativpronomen: *präpositionales Objekt*

2. Er spielt am liebsten ein Computerspiel, __________ Regeln immer wieder neu festgelegt werden können.
   Relativpronomen: __________

3. Der alte Computer, __________ den modernen Computerspielen nicht mehr gewachsen war, wurde zum Elektroschrott geworfen.
   Relativpronomen: __________

4. Eine Tastatur, __________ die Buchstaben und Ziffern kaum noch zu erkennen sind, ist der Stolz jedes Computerfans.
   Relativpronomen: __________

5. Ein kräftiges Brummen, ________________ bald ein lautes Krächzen folgte, zeigte an, dass mein Computer den Geist aufgab.

   Relativpronomen: ______________________________

6. Nach dem Ballerspiel, ________________ er sich gerade erst gekauft hatte, träumte er schlecht und tauschte es daher gegen ein Strategiespiel ein.

   Relativpronomen: ______________________________

7. Die ganze Klasse beteiligte sich an der Entwicklung einer Software, ________________ sich die Matheaufgaben leicht lösen ließen.

   Relativpronomen: ______________________________

8. Der Klassensprecher nahm endlich den Softwarepreis entgegen, ________________ die ganze Klasse seit Monaten hingearbeitet hatte.

   Relativpronomen: ______________________________

9. Dieser Preis, ________________ vom Minister persönlich überreicht wurde, ermöglichte der gesamten Klasse eine Reise zum Silicon Valley, dem Sitz vieler großer Softwarefirmen.

   Relativpronomen: ______________________________

2

Bilde aus den Satzpaaren jeweils einen Satz mit einem Relativsatz. Trage die Lösungen in dein Trainingsheft ein.

1. Das Theaterstück war ein voller Erfolg. Es wurde von der Theater-AG geschrieben und aufgeführt.

   Das Theaterstück, das von der Theater-AG geschrieben und aufgeführt wurde, war ein voller Erfolg.

2. Schon das Proben hatte allen Schülern viel Spaß gemacht. Sie standen zum ersten Mal auf der Bühne.
3. Die Zuschauer applaudierten minutenlang. Unter ihnen waren auch Vertreter von Presse, Rundfunk und Fernsehen.
4. In dem Stück ging es vordergründig um eine Liebesgeschichte. Sie war sehr dramatisch, oft aber auch lustig.
5. Plötzlich gab es mitten in der Liebesgeschichte einen rätselhaften Mord. Durch diesen Mord wurde das Stück zu einem Kriminalstück.
6. Die beiden Verliebten wurden nun zu Detektiven. Ihre ganze Aufmerksamkeit galt jetzt der Aufklärung des Verbrechens.
7. Ganz am Schluss kam dann die große Überraschung. Damit hatte niemand gerechnet.
8. Der Mord entpuppte sich als ein genial geplanter Bluff. Er war von den Klassenkameraden heimlich vorbereitet worden.
9. Der „Ermordete" war in Wahrheit quicklebendig. Er war für seine „Ermordung" allerdings sehr überzeugend geschminkt worden.
10. In den Zeitungen wurde das Theaterstück sehr gelobt. Es war eigentlich ein Theaterstück über ein Theaterstück.

3

Unterstreiche die Partizipialattribute und bestimme jeweils das Partizip – Partizip I oder Partizip II?

1. Ein zum Hüten erzogener Hund ist Fremden gegenüber misstrauisch.

   Partizip II

2. Eine ihre Welpen säugende Hündin sollte man nicht stören.

   ____

3. Der alte Dackel fand den von ihm sorgfältig vergrabenen Knochen nicht mehr wieder.

   ____

4. Die alte Dame wurde durch einen plötzlich aus einem Gebüsch hervorspringenden Hund furchtbar erschreckt.

   ____

5. Der Tierarzt behandelt den am rechten Hinterlauf verletzten Terrier.

   ____

6. Jeden Fremden laut anbellende Hunde können auch beißen.

   ____

4

Forme diese Partizipialattribute in Relativsätze um. Schreibe die Sätze in dein Trainingsheft.

1. Ein **zum Hüten erzogener** Hund ist Fremden gegenüber misstrauisch.

   Ein Hund, der zum Hüten erzogen (worden) ist, ist Fremden gegenüber misstrauisch.

2. …

…

1. Die meisten Wörter besitzen eine **denotative** (wörtliche) und eine **konnotative** (assoziative) **Bedeutung**. ☐
2. Man unterscheidet zwischen **Oberbegriffen** mit einer eher allgemeinen und **Unterbegriffen** mit einer engeren Bedeutung. ☐
3. Ein Oberbegriff bezeichnet die Gemeinsamkeiten der ihm zuzuordnenden Unterbegriffe möglichst genau. ☐
4. Bedeutungsverwandte Wörter bilden ein **Wortfeld**. ☐
5. Wörter mit gleicher Bedeutung nennt man **Synonyme**, mit unterschiedlicher Bedeutung, aber gleicher Lautung und Schreibung **Homonyme.** Wörter mit entgegengesetzter Bedeutung heißen **Antonyme**. ☐
6. Besonders in Redewendungen können Wörter als **Metaphern** verwendet werden und eine **bildhafte Bedeutung** bekommen. Im Wörterbuch wird diese Wortbedeutung als **figurativ (übertragen)** bezeichnet. ☐
7. **Relativsätze** gehören zu den Rechtsattributen. ☐
8. Jeder Relativsatz wird durch ein **Relativpronomen** eingeleitet, dessen Genus und Numerus vom Bezugsnomen abhängt. ☐
9. Der Kasus des Relativpronomens hängt von seiner Funktion im Relativsatz ab (Subjekt, Objekt, adverbiale Bestimmung oder Attribut). ☐
10. **Partizipialattribute** sind Linksattribute und enthalten entweder ein Partizip I oder II unmittelbar vor dem Bezugsnomen und oft weitere vom Partizip abhängige Wörter. ☐
11. **Partizipialattribute** können **in Relativsätze umgewandelt** werden, wobei dann das Relativpronomen Subjekt ist. ☐

1

Kreuze an. Welche dieser Aussagen sind richtig? Gib dir für jede richtige Antwort einen Punkt.

1. Die Denotation eines Wortes findet man im Wörterbuch. ☐
2. Die Konnotation eines Wortes findet man im Wörterbuch. ☐
3. Das Wort „Luftballon" gehört zur Konnotation des Wortes „Geburtstag". ☐
4. Das Wort „Fußballmeisterschaft" gehört zur Konnotation des Wortes „Spannung". ☐
5. Das Wort „Spannung" gehört zur Denotation des Wortes „Erholung". ☐
6. Das Wort „Spannung" gehört zur Denotation des Wortes „Nervosität". ☐
7. Ein Oberbegriff ist konkreter als ein Unterbegriff. ☐
8. Zu einem Oberbegriff gehören mehrere Unterbegriffe. ☐
9. Das Wort „Fußballspiel" ist der Oberbegriff zum Wort „Sportart". ☐
10. Das Wort „Sportart" ist der Oberbegriff zum Wort „Fußballspiel". ☐
11. Die Wörter „Likör", „Milch" und „Benzin" haben keinen gemeinsamen Oberbegriff. ☐
12. Die Wörter „Stuhl", „Eiche" und „Holzfäller" haben einen gemeinsamen Oberbegriff. ☐
13. Die Wörter eines Wortfelds haben exakt dieselbe Bedeutung. ☐
14. „Liebe", „Verehrung" und „Gehorsam" gehören zu unterschiedlichen Wortfeldern. ☐
15. „Flitzen", „hüpfen" und „hoppeln" gehören zum Wortfeld „laufen". ☐
16. Synonyme haben zwar die gleiche Schreibung, aber unterschiedliche Bedeutungen. ☐
17. Homonyme hören sich zwar gleich an, werden aber unterschiedlich geschrieben. ☐

18. Homonyme werden zwar gleich geschrieben, besitzen aber unterschiedliche Bedeutungen. ☐
19. Antonyme sind Wörter mit etwas abweichenden Bedeutungen. ☐
20. Antonyme sind Wörter mit entgegengesetzten Bedeutungen. ☐
21. „Bank“ mit der Bedeutung „Geldinstitut“ und „Bank“ mit der Bedeutung „Sitzgelegenheit“ sind Homonyme. ☐
22. „Geldinstitut“ und „Bank“ sind Synonyme. ☐
23. „Angst“ und „Furcht“ sind Antonyme. ☐
24. „Freude“ und „Trauer“ sind Antonyme. ☐
25. Jedes Wort hat eine figurative, also eine übertragene Bedeutung. ☐
26. Nur besonders anschauliche Wörter haben eine figurative Bedeutung. ☐
27. Manche Wörter haben neben einer wörtlichen auch eine figurative Bedeutung. ☐
28. Die figurative Bedeutung eines Wortes findet man im Wörterbuch. ☐
29. Die figurative Bedeutung des Wortes „Ferkel“ ist „unsauberer Mensch“. ☐
30. Die figurative Bedeutung des Wortes „Einbruch“ ist „Diebstahl durch gewaltsames Eindringen“. ☐

Punkte: max. 15

2

Ordne den Hauptsätzen passende Relativsätze zu. Ergänze passende Relativpronomen und füge die Sätze an geeigneter Stelle in die Hauptsätze ein. Schreibe die Lösungen in dein Trainingsheft und gib dir für jede richtige Lösung einen Punkt.

1. Herr S. ist ein berühmter Erfinder neuer Sportarten. c)

   Herr S. ist ein berühmter Erfinder neuer Sportarten, die sogar als olympische Disziplinen gedacht sind.

2. Herr S. ist für seinen Beruf in der ganzen Welt unterwegs. ___
3. Besonders begeisterte ihn seine Idee des Flaschenweitwurfs. ___
4. Mit seiner Idee eines Schwimmwettbewerbs für Nichtschwimmer wurde er weltberühmt. ___
5. Auch die Disziplin des Stabhochsprungs für Dicke fand viele Fans. ___
6. Er erfand einmal die Disziplin des Holzschuhsprints. ___
7. Ihm fiel sogar eine neue Variante des Hürdenlaufs ein. ___
8. Dabei müssen die Wettkämpfer unter den Hürden hindurchkrabbeln. ___
9. Sehr beliebt bei vielen Fans ist auch eine neue Form des Fußballspiels. ___
10. Der Ball muss dabei möglichst oft und möglichst weit auf die Zuschauertribünen geschossen werden. ___
11. Auch das Kugelstoßen hat er völlig neu erfunden. ___
12. Jetzt muss die Kugel vom Sportler nicht mehr möglichst weit gestoßen, sondern möglichst tief in die Erde versenkt werden. ___
13. Das größte Problem von Herrn S. ist die Entdeckung einer seriösen Sportart. ___

a) _______ er die Glasindustrie zu begeistern suchte
b) _______ für ihn seinen ganzen Lebensinhalt darstellt
c) *die* sogar als olympische Disziplinen gedacht sind
d) _______ sowohl die Wettkämpfer als auch die Zuschauer sich totlachten
e) _______ natürlich besonders niedrig konstruiert sind
f) _______ bisher noch von niemandem entdeckt worden war
g) _______ diese unter dem Gejohle der Zuschauer in ein riesiges Daunenbett plumpsten
h) _______ ständig mit Herrn S. um die Welt reisen
i) _______ dazu am besten hoch in die Luft springt
j) _______ bisher immer nur fantasielos auf Tore gezielt wurde
k) _______ niemand mehr lachen kann
l) _______ früher nur wenige Zuschauer anlockte
m) _______ alle Wettkämpfer mit Rettungsringen ausgestattet wurden

Punkte: max. 12

3

Forme die folgenden Relativsätze mit einem Relativpronomen als Subjekt in Partizipialattribute um. Schreibe die Lösungen in dein Trainingsheft. Für jeden richtig umgewandelten Satz erhältst du wieder einen Punkt.

1. Herr S. ist ein berühmter Erfinder neuer Sportarten, die sogar als olympische Disziplinen gedacht sind.

   Herr S. ist ein berühmter Erfinder neuer sogar als olympische Disziplinen gedachter Sportarten.

2. Herr S. ist für seinen Beruf, der für ihn seinen ganzen Lebensinhalt darstellt, in der ganzen Welt unterwegs.
3. Ihm fiel sogar eine neue Variante des Hürdenlaufs ein, die bisher noch von niemandem entdeckt worden war.
4. Dabei müssen die Wettkämpfer unter den Hürden, die natürlich besonders niedrig konstruiert sind, hindurchkrabbeln.
5. Sehr beliebt bei vielen Fans, die ständig mit Herrn S. um die Welt reisen, ist auch eine neue Form des Fußballspiels.
6. Auch das Kugelstoßen, das früher nur wenige Zuschauer anlockte, hat er völlig neu erfunden.
7. Jetzt muss die Kugel vom Sportler, der dazu am besten hoch in die Luft springt, nicht mehr möglichst weit gestoßen, sondern möglichst tief in die Erde versenkt werden.

Punkte: max. 6

In diesem Test kannst du insgesamt 33 Punkte erreichen.

Gesamtpunkte: max. 33

30–33 Punkte:
Bravo! Dieses Kapitel ist für dich keine Frage mehr.

18–29 Punkte:
Das war schon ganz gut, aber du kannst dich sicher noch verbessern.

0–17 Punkte:
Wiederhole dieses Kapitel einfach, dann fällt der nächste Test bestimmt besser aus.

5 Gedankenstrich und Klammer

Der Gedankenstrich

Der Gedankenstrich besitzt verschiedene Aufgaben:
Er grenzt **Einschübe** (doppelter Gedankenstrich) oder **Nachträge** (einfacher Gedankenstrich) vom übrigen Satz ab. Das erste Wort eines Einschubs oder Nachtrags wird kleingeschrieben, wenn es kein Nomen ist.

Sie bereitet sich auf jede Klassenarbeit tagelang vor – ihrem Bruder ist so viel Fleiß nicht ganz geheuer – und verzichtet auf jedes Vergnügen. (Einschub)
Sie bereitet sich auf jede Klassenarbeit tagelang vor – ihrem Bruder ist so viel Fleiß nicht ganz geheuer. (Nachtrag)

Er kündigt einen **Themen- oder Sprecherwechsel** bzw. einen **Rede- oder Gedankenabbruch** an.

Ganz schön heiß ist es heute. – Der Film war übrigens viel besser als erwartet. (Themenwechsel)
„Kommst du mit ins Schwimmbad?" – „Ja, wenn du mir das Eintrittsgeld vorstrecken kannst." (Sprecherwechsel)
„Wie, du hast noch nicht einmal – ?", fragte sie mit ungläubigem Staunen. (Redeabbruch)

Er kündigt ähnlich wie der Doppelpunkt etwas **Überraschendes oder Bemerkenswertes** an.

Plötzlich hörten sie ein dumpfes Grollen – eine gewaltige Lawine donnerte zu Tal.

Bei Einschüben kann vor dem zweiten Gedankenstrich nur ein Ausrufe- oder Fragezeichen, aber kein Punkt oder Komma stehen. Außerhalb von Nachträgen oder Einschüben stehen die Satzzeichen, die auch sonst dort stehen müssten.

Nachdem wir die genaue Route festgelegt hatten – habe ich sie euch schon auf der Karte gezeigt? –, rollten wir unsere Schlafsäcke aus.

Der Gedankenstrich darf nicht mit dem deutlich kürzeren Bindestrich verwechselt werden.

Beim 400-m-Lauf gab es dann die große Überraschung – der angeblich unsportliche Neue wurde Erster.

Klammern

Erklärende **Zusätze** oder **Ergänzungen innerhalb von Sätzen** stehen oft auch in Klammern und können aus einzelnen Wörtern oder ganzen Sätzen bestehen.

Johann Wolfgang Goethe (ein Vertreter der Klassik) ist wohl der bekannteste deutsche Dichter.
Johann Wolfgang Goethe (er lebte vor etwa 200 Jahren) ist wohl der bekannteste deutsche Dichter.

Für die **Rechtschreibung** und **Zeichensetzung** bei **Klammern** innerhalb von Sätzen gilt Folgendes:

a) Nur Nomen werden am Anfang großgeschrieben.
b) Vor der schließenden Klammer steht kein Punkt.
c) Ansonsten gelten innerhalb und außerhalb der Klammern die üblichen Rechtschreib- und Zeichensetzungsregeln.
   Ich sitze gerade an einer Hausarbeit (sie ist genauso wichtig wie eine Klassenarbeit), die ich in einer Woche abgeben muss.
   Ich sitze gerade an einer Hausarbeit (eine Mordsarbeit ist das!), die ich in einer Woche abgeben muss.

Wenn der **eingeklammerte Satz außerhalb eines Satzes**, also hinter einem Satzschlusszeichen steht, gelten die üblichen Rechtschreib- und Zeichensetzungsregeln ohne Ausnahme.

Johann Wolfgang Goethe ist wohl der bekannteste deutsche Dichter. (Das behaupten jedenfalls viele.)
Johann Wolfgang Goethe ist wohl der bekannteste deutsche Dichter. (Wer behauptet das eigentlich?)

1

Ergänze die fehlenden Gedankenstriche sowie evtl. weitere fehlende Satzzeichen. Ordne den Sätzen die passende Regel zu.

Regeln:

a) Einschub
b) Nachtrag
c) Themen-/Sprecherwechsel
d) Rede-/Gedankenabbruch
e) Überraschung

1. Diese Kriminalgeschichte es ist die spannendste, die ich je gelesen habe gibt es jetzt auch als Taschenbuch. *a)*

   Diese Kriminalgeschichte – es ist die spannendste, die ich je gelesen habe – gibt es jetzt auch als Taschenbuch.

2. Dies ist die spannendste Kriminalgeschichte meines Lebens ein richtiges Meisterwerk der Spannung. ___
3. Hast du schon diesen Krimi gelesen? Mensch, hörst du auch dieses seltsame Geräusch aus dem Keller? ___
4. Vielen Dank noch mal für dieses Buch endlich mal ein richtig guter Krimi! ___
5. „Vielen Dank noch mal für dieses Buch!" „Ich hoffe, es gefällt dir." ___
6. „Hilfe, Hilfe meine Mutter hat mir meinen Krimi geklaut!" ___
7. Am Schluss findet der Kommissar überraschenderweise keinen Täter. ___
8. Der alte Herr Bond er ist mit mir zusammen im Club der Krimifreunde hat mir diesen tollen Krimi geschenkt. ___
9. „Ja, das ist doch wohl! Da kommt ja der berühmte Krimiautor!" ___
10. „Verflucht, habe ich etwa? Ach, da liegt ja mein Buch!" ___

2

Ergänze die möglichen bzw. notwendigen Klammern und evtl. weitere fehlende Satzzeichen, achte auf die richtige Groß- bzw. Kleinschreibung.

1. Ich habe soeben der Postbote war gerade da eine ganze Insel gewonnen.

   Ich habe soeben (der Postbote war gerade da) eine ganze Insel gewonnen.

2. Ich habe wahrhaftig eine Insel eine richtige Insel mit Strand und Palmen und Papageien in einem Preisausschreiben gewonnen.

   ___

   ___

3. Ich habe doch wahrhaftig du wirst es mir sicher nicht glauben eine Insel gewonnen.

   ___

   ___

4. Ich werde sie dir morgen bist du dann überhaupt in der Schule auf einer Karte zeigen.

   ___

   ___

5. Ich werde jetzt alle meine Freunde anrufen ich habe eine ganze Menge um sie zu einer Inselparty einzuladen.

   ___

   ___

6. Ich habe eine ganz tolle Insel in einem Preisausschreiben gewonnen davon habe ich jedenfalls letzte Nacht geträumt.

   ___

   ___

3

Verbinde den Ausgangssatz mit den verschiedenen Zusätzen aus der Liste. Wohin gehören sie und wo müssen Gedankenstriche oder Klammern und evtl. andere Satzzeichen gesetzt werden? Evtl. musst du die Groß- oder Kleinschreibung oder die Satzzeichen in den Zusätzen verändern. Trage die Lösungen in dein Trainingsheft ein.

Der neue Lateinlehrer reitet auf einem Esel zur Schule.

1. *Der neue Lateinlehrer – ein seltsamer Kauz – / (ein seltsamer Kauz) reitet auf einem Esel zur Schule.*
2. ...

...

1. ~~ein seltsamer Kauz~~
2. Das ist ja wohl die Sensation.
3. ein kleiner brauner mit riesigen Ohren
4. eine wirklich revolutionäre Art der Fortbewegung
5. und nimmt ihn auch mit ins Lehrerzimmer.
6. Mensch, das ist ja.
7. Hab ich doch schon längst gesehen.
8. Kann ich mal deinen Fotoapparat haben?
9. Er muss eine verlorene Wette einlösen.
10. Wenn man so etwas reiten nennen kann.
11. Eigentlich typisch für ihn.
12. Wo er sich den wohl ausgeliehen hat?
13. Der alte Lateinlehrer hätte so etwas nie gemacht.
14. ein toller Gag ohne herunterzufallen.

Texte schreiben und lesen

6 Referate schreiben

6.1 Vorbereitungen für ein Kurzreferat (Informationen beschaffen und ordnen)

Zu einem kurzen mündlichen oder schriftlichen Referat gehört einiges an Vorbereitung, damit Zuhörer oder Leser in kurzer Zeit gut informiert werden und ihr Interesse geweckt wird.

1. Arbeitsschritt

Du legst das genaue **Sachthema** deines Referats fest und suchst mit Hilfe der Begriffe, die in diesem Thema enthalten sind oder sich beim Stöbern noch ergeben, nach passenden

a) Lexikoneinträgen,
b) Fachbuch-, Zeitungs- oder Zeitschriftenartikeln (evtl. den Schlagwortkatalog einer Bücherei nutzen),
c) Internetseiten.

Du solltest hier Suchmaschinen wie *www.google.de*, *www.yahoo.de*, *www.lycos.de*, *www.fireball.de*, *www.altavista.de* und *www.aladin.de* oder auch interne Suchmaschinen von Bibliotheken, Zeitungen und Zeitschriften benutzen. Achte dabei auf die Herkunft und damit die Qualität der Internetinformationen! Nutze nur Informationen aus seriösen Quellen wie z. B. Behörden, Universitäten, Tageszeitungen oder (Fach-) Zeitschriften.

2. Arbeitsschritt

Du schreibst **wesentliche Informationen** aus den gefundenen Texten oder Grafiken **stichwortartig** heraus oder markierst sie (nur in Kopien oder Computerausdrucken). Achte dabei immer darauf, dass diese Informationen zu deinem Thema gehören und dafür wichtig sind. Zu viele Einzelinformationen oder Zahlen würden deine Zuhörer oder Leser überfordern und langweilen. **Notiere** jeweils die **Quelle** deiner Informationen (Autor und Titel, Erscheinungsdatum und -ort bzw. Adresse der Internetseite).

Sachthema: Rauchen als gesellschaftliches Gesundheitsproblem
Nicht passende Informationen zum Thema:
~~Viele Raucher wählen die so genannte „Schlusspunkt-Methode". Sie beschließen, nicht mehr zu rauchen, und halten sich daran. Ab einem bestimmten Tag oder auch „von heute auf morgen" rauchen sie nicht mehr. Manche vernichten feierlich alle Zigarettenvorräte und verschenken ihr Feuerzeug.~~
http://www.krebsgesellschaft.de/rauchen_aufhoeren,1056.html

Diese Informationen passen zum Thema „Wie man mit dem Rauchen aufhören kann", aber nicht zum Thema „Rauchen als gesellschaftliches Gesundheitsproblem".

Passende Informationen zum Thema:
Eltern sind während der gesamten Kindheit die wichtigsten Vorbilder ihrer Kinder. Rauchende Eltern gefährden nicht nur direkt die Gesundheit ihrer passiv mitrauchenden Kinder, sondern signalisieren ihnen gleichzeitig auch, dass Rauchen normal und in Ordnung ist. Die Kinder wachsen also mit der Überzeugung auf, dass „die Erwachsenen" rauchen. Viele Studien haben gezeigt, dass die Kinder von Rauchern später häufiger selbst rauchen als die Kinder von Nichtrauchern.
http://www.krebsgesellschaft.de/rauchen_kinder,1059.html

Stichworte:
Rauchende Eltern → Gesundheitsgefährdung der Kinder
Negatives Vorbild → Kinder später oft Raucher

3. Arbeitsschritt
Du bildest mit Hilfe dieser Stichworte **Zwischenüberschriften**, schreibst jede davon in die oberste Zeile einer **Karteikarte** und ordnest ihnen die **Stichworte** in einer sinnvollen Reihenfolge zu. Diese Karteikarten brauchst du, um bei deinem Referat nichts zu vergessen, aber auch, um die Referatabschnitte nicht durcheinander zu bringen.

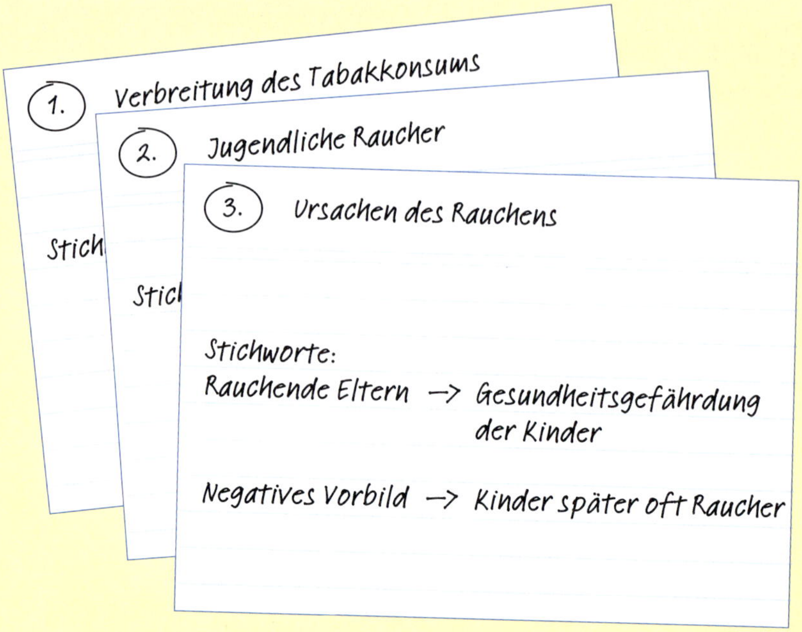

4. Arbeitsschritt

Du legst nun die Reihenfolge fest, in der du den Inhalt der Karteikarten vortragen möchtest, und gibst jeder Karteikarte eine entsprechende Nummer. Jede Zwischenüberschrift schreibst du mit dieser Nummer auch auf eine Folie (Overhead oder Power Point), damit deine Zuhörer die Gliederung deines Referats besser überschauen können.

1

Welche dieser Materialien gehören zu dem Thema „Rauchen als gesellschaftliches Gesundheitsproblem"? Begründe deine Auswahl.

a) In Deutschland gibt es schätzungsweise ca. 16,7 Millionen Raucher; rund 140 Milliarden Zigaretten werden jährlich konsumiert. Allein die 15- bis 24-jährigen Raucher geben im Jahr ca. 22 Milliarden Euro für Tabakwaren aus. Tabakrauch enthält Nikotin, Teerstoffe, Kohlenstoffmonoxid und über 1.000 weitere chemische Substanzen, deren Konsum gesundheitliche Folgen nach sich zieht. Dazu gehören Durchblutungsstörungen, körperlicher Leistungsabfall, Erhöhung des Risikos für Herzinfarkt und Lungenkrebs, chronische Bronchitis und die Schädigung des Ungeborenen (durch Rauchen während der Schwangerschaft).

I. Beyer u.a.: Natura – Biologie für Gymnasien. Lehrerband 7.–10. Schuljahr, Stuttgart 2003 (Klett Verlag), S. 68.

b) Raucherkarrieren beginnen meist schon im jugendlichen Alter. Die meisten Menschen kompensieren mit dem Griff zur Zigarette oder Zigarre Unsicherheiten, Einsamkeitsgefühl oder Langeweile. Erst nach und nach wird der Glimmstängel in der Hand zur Sucht.
Nikotin ist ein starkes Gift. Es greift das gesamte Gefäß- und Nervensystem an. Durch den Nikotinkonsum wird unter anderem die Herztätigkeit beschleunigt, die Blutgefäße verengen sich und somit wird das Durchblutungssystem gestört. Die schwerwiegendsten gesundheitlichen Folgen für starke Raucher sind chronische Bronchitis, COPD (chronische Lungenerkrankung), Arteriosklerose und Krebs.

http://www.netdoktor.de/ratschlaege/fakten/raucherlunge1.htm

c) Nikotin führt in den ersten 15 Minuten zur Erhöhung der Herzfrequenz um ca. 10 bis 15% und wirkt blutdrucksteigernd, wodurch Gefäßschäden auftreten können. (…)
Nikotin fördert Arterienverkalkung, wodurch sich die Gefäßwände nicht mehr erweitern können und Gefäßschäden bzw. -verstopfungen die Folge sein können.

I. Beyer u. a.: Natura – Biologie für Gymnasien. Lehrerband 7. –10. Schuljahr, Stuttgart 2003 (Klett Verlag), S. 68.

d) Nikotinersatzpräparate lindern die körperlichen Entzugssymptome wie Nervosität oder Heißhunger und verringern so die Rückfallgefahr. Das Wirkprinzip: Dem Körper wird das Nikotin zugeführt, das vorher über den Zigarettenrauch aufgenommen wurde, allerdings ohne die vielen anderen schädlichen Inhaltsstoffe des Tabakrauchs. Die tägliche Nikotindosis wird dabei über einen Zeitraum von bis zu zwölf Wochen reduziert.

http://www.zdf.de/ZDFde/inhalt/23/0,1872,3939191,00.html

e) Beim Einatmen (Inhalieren) von Zigarettenrauch setzen sich der im Rauch enthaltene Teer und viele der mehr als 200 schädlichen Stoffe in Rachen, Luftröhre, Bronchien und Lungenbläschen ab. Der Teer allein enthält etwa 40 verschiedene Krebs erregende Stoffe, darunter das Benzpyren. Bei langjährigen Rauchern treten häufig Kehlkopf-, Bronchial- oder Lungenkrebs auf. In Deutschland sind über 90% aller an Lungenkrebs erkrankten Menschen Raucher.

H. Bickel u. a.: Natura – Biologie für Gymnasien. 7. –10. Schuljahr, Stuttgart 2002 (Klett Verlag), S. 244.

f) Vergleicht man die sportliche Leistungsfähigkeit von gleichaltrigen Rauchern und Nichtrauchern, die ansonsten etwa die gleiche Lebensweise haben, so schneiden die Raucher durchweg schlechter ab. Dies ist unter anderem auf das Kohlenstoffmonoxid zurückzuführen. Es ist ein geruchloses, giftiges Gas, das zu etwa 4 % im Zigarettenrauch enthalten ist. Es wird besonders fest an das Hämoglobin in den roten Blutzellen gebunden, sodass diese keinen Sauerstoff mehr transportieren können und die Sauerstoffversorgung verschlechtert wird.

H. Bickel u. a.: Natura – Biologie für Gymnasien. 7.–10. Schuljahr, Stuttgart 2002 (Klett Verlag), S. 244.

g)

Verbreitungsgrad verschiedener Suchterkrankungen in Deutschland

Art	Süchtige	Jährliche Todesfälle
Tabak	13,1 Mio.	110.000 bis 140.000
Alkohol	1,7 Mio.	73.700 (oft kombiniert mit Tabakkonsum)
Medikamente	1,9 Mio.	keine Angaben

Statistische Angaben: Deutsche Hauptstelle für Suchtfragen

h) Die Krankenkassen und ihre Beitragszahler kommt das Rauchen teuer zu stehen. Die Behandlung der Raucherkrankheit „chronische Bronchitis“ z. B. kostete 1998 rund 1,65 Milliarden Euro; die Behandlung des ebenfalls praktisch nur bei Rauchern und einigen Passivrauchern auftretenden Lungenkrebses 0,7 Milliarden Euro. Für Herzinfarkte zahlten die Kassen 2,9 Milliarden Euro, für Schlaganfälle 12,2 Milliarden Euro, beide ebenfalls häufige Erkrankungen bei Rauchern

http://www.krebsgesellschaft.de/rauchen_kosten,1055.html

i) 82 Prozent der erwachsenen Raucher haben schon als Teenager mit dem Rauchen begonnen. Wer bis zum 20. Lebensjahr nicht angefangen hat, der hat gute Chancen, sein Leben lang Nichtraucher zu bleiben. Warum probieren Jugendliche Zigaretten, obwohl sie um deren Gesundheitsrisiken wissen? In einer emotional verletzlichen Lebensphase, in der Jugendliche versuchen, ihren eigenen Weg zu finden und sich vom Elternhaus zu lösen, sind sie besonders empfänglich für abenteuerlustiges Ausprobieren. Für viele Jugendliche ist Rauchen gleichbedeutend mit „Erwachsensein“, denn nur Erwachsene dürfen laut Gesetz rauchen.
Dass sie es in Wirklichkeit nicht „dürfen“, sondern aufgrund ihrer Nikotinsucht „müssen“, sehen die Jugendlichen oft noch nicht. In unserer Gesellschaft fehlen Übergangsriten vom Kindsein zum Erwachsensein. So treten kleine Ereignisse wie der erste Kuss, die erste Zigarette, die erste Fahrstunde an deren Stelle. Über den Schritt von der ersten Zigarette zum regelmäßigen Konsum entscheiden dann verschiedene Faktoren. Darunter fallen hauptsächlich das Vorbild der Eltern und der Freunde sowie die Erreichbarkeit von Zigaretten. Wenn Eltern und Freunde rauchen und wenn Zigaretten billig und leicht zu beschaffen sind, sinkt die Hemmschwelle. Hinzu kommt: Nikotin macht süchtig – und zwar rasch. Schon nach wenigen Tagen bis Wochen kann aus dem „Ausprobieren“ eine Nikotinsucht werden.

http://www.krebsgesellschaft.de/rauchen_datenzahlenfakten,1050.html

j) Der stärkste Risikofaktor sowohl für den Einstieg als auch für den Übergang vom sporadischen zum gewohnheitsmäßigen Rauchen ist jedoch die Tabakwerbung (Quelle: Deutsches Krebsforschungszentrum: Factsheet Tabakwerbeverbot). Die Zigarettenhersteller brauchen Nachschub für all die Raucher, die täglich mit dem Rauchen aufhören oder daran sterben – und den finden sie am leichtesten unter Kindern und Jugendlichen.

http://www.krebsgesellschaft.de/rauchen_kinder,1059.html

2

Notiere stichwortartig die wichtigsten Informationen aus diesen Materialien und ordne sie den verschiedenen Informationsgruppen auf den Karteikarten zu.

a)

16,7 Millionen Raucher; rund 140 Milliarden Zigaretten, ...

b)

Unsicherheiten, Einsamkeitsgefühl oder Langeweile, ...

c)

Nikotin = Gift für Gefäß- und Nervensystem, ...

d)

Arterienverkalkung, Gefäßschäden, ...

e)

Kohlenstoffmonoxid = schlechtere körperliche Leistungsfähigkeit von Rauchern, ...

f)

82 % der Raucher schon als Jugendliche geraucht, ...

g)

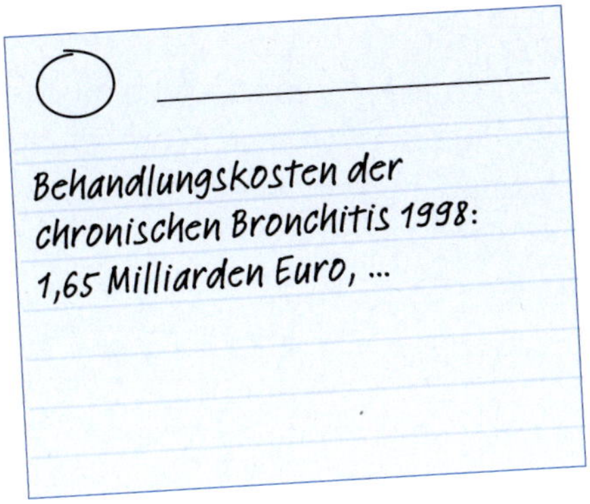

3

Welche dieser Überschriften passen zu den Stichworten aus Aufgabe 2 und eignen sich für deine Karteikarten?

1) *Zigarettenmarken und Geschmacksrichtungen* → passt zu ___
2) *Inhaltsstoffe einer Zigarette* → passt zu c)
3) *Rauchgewohnheiten* → passt zu ___
4) *Ursachen des Rauchens* → passt zu ___
5) *Krankheitskosten durch Rauchen* → passt zu ___
6) *Genuss durch Rauchen* → passt zu ___
7) *Verbreitung des Tabakkonsums* → passt zu ___
8) *Gesundheitsschäden durch Rauchen* → passt zu ___
9) *Werbemethoden der Zigarettenindustrie* → passt zu ___
10) *Auswirkung des Rauchens auf den Körper* → passt zu ___
11) *Die Tabaksteuer* → passt zu ___
12) *Entwicklung der Zigarettenpreise* → passt zu ___
13) *Jugendliche Raucher* → passt zu ___
14) *Geschichte des Rauchens* → passt zu ___

4

Bringe deine Karteikarten nun in eine sinnvolle Reihenfolge, nummeriere sie entsprechend und schreibe die Gliederung deines Kurzreferats auf eine Folie.

6.2 Der Vortrag eines Kurzreferats

Im voranstehenden Abschnitt hast du dich für ein Sachthema entschieden und dazu passende Informationen gesucht und geordnet. Nun soll es darum gehen, aus deinen Informationen einen interessanten Vortrag zu gestalten.

1. Arbeitsschritt

Du formulierst das **Sachthema** deines Referats so um, dass es (z. B. durch eine provozierende Frage) die Neugier und das Interesse von Zuhörern oder Lesern weckt, und schreibst dieses **Referatthema** auf deine Folie (Overhead oder Power Point).

Rauchen als gesellschaftliches Gesundheitsproblem

↓

Macht Rauchen die Gesellschaft krank?

2. Arbeitsschritt

Du legst auf einer eigenen Karteikarte stichwortartig deine **Einleitung** fest. Hier kommt es besonders darauf an, das Interesse von Zuhörern oder Lesern zu wecken. Dies gelingt am besten, wenn du folgende Gesichtspunkte berücksichtigst:

a) Erläutere die Bedeutung des Referatthemas und dein persönliches Interesse daran.
   - Erwachsenwerden = Rauchen?
   - Immer mehr Klassenkameraden rauchen
   - Nichtraucher = Spaßverderber?
   - mühsam verdientes Taschengeld weg

b) Wähle für die Einleitung ein interessantes Beispiel aus.
   - Berliner Gymnasiastin Anne-Sophie, 8. Klasse
   - monatlich 40 Euro für Zigaretten, Geldknappheit
   - geringerer Appetit als früher, immer öfter müde

c) Fordere deine Zuhörer oder Leser zum Mitmachen auf, indem du sie z. B. mit einer interessanten Frage oder einem Rätsel konfrontierst: Was glaubt ihr, wie viel Prozent der erwachsenen Raucher schon in unserem Alter mit dem Rauchen begonnen haben?

3. Arbeitsschritt

Du wählst passende Fotos, Zeichnungen, Grafiken, Filmsequenzen, Tonaufnahmen und anderes **anschauliches Material** aus, das

a) eng zum Thema gehört,
b) das Interesse von Zuhörern oder Lesern weckt,
c) dein Referat besser verständlich macht.

Auf deinen durchnummerierten Karteikarten vermerkst du, mit welchem Material du die einzelnen Referatabschnitte jeweils veranschaulichen möchtest.

4. Arbeitsschritt

Du notierst in der untersten Zeile jeder Karteikarte eine **Überleitung** zum folgenden Referatabschnitt (in Stichworten oder ganzen Sätzen). Eine solche Überleitung macht deutlich, dass nun ein neuer Gesichtspunkt des Referatthemas behandelt wird. Sie sollte Zuhörer oder Leser neugierig auf das machen, was noch kommt.

> Überleitung zum Referatabschnitt „Ursachen des Rauchens“:
> Vielleicht fragt ihr euch jetzt auch, warum ist das denn so? Warum rauchen denn immer mehr Jugendliche, obwohl das Risiko jeder kennt?

5. Arbeitsschritt

Du formulierst auf einer eigenen Karteikarte den **Schlussteil** deines Referats, in dem du

a) die wesentlichen Informationen noch einmal zusammenfasst,
b) deine persönliche Meinung dazu ausdrückst,
c) einen Ausblick in die Zukunft gibst oder
d) an Zuhörer oder Leser eine Bitte richtest.

6. Arbeitsschritt

Mit Hilfe deiner Karteikarten kannst du nun ein **Handout**, d.h. eine gegliederte Kurzfassung der wichtigsten Informationen auf einem DIN-A4-Blatt für deine Mitschüler kopieren. Dabei fasst du die Informationen deines Referats entsprechend der Gliederung deiner Karteikarten und der Folie noch einmal in wenigen Sätzen zusammen.

1. In Deutschland gibt es mehr als 16 Millionen Raucher und mehr als 13 Millionen Nikotinsüchtige.
2. …

7. Arbeitsschritt
Mit Hilfe der Folie und Stichworte auf den durchnummerierten Karteikarten sowie der darauf vermerkten Beispiele und Überleitungen kannst du deinen **freien Vortrag** einüben und dann vor der Klasse halten. Du solltest dabei

a) langsam und deutlich sprechen,
b) wichtige Informationen betonen und mit anderen Worten wiederholen,
c) immer wieder deine Zuhörer anschauen.

Am Schluss kannst du das Handout deines Vortrags verteilen.

8. Arbeitsschritt:
Nur für das **schriftliche Kurzreferat**: Du formulierst mit Hilfe der Stichworte auf deinen Karteikarten einen gegliederten Referattext. Achte dabei auf einen klaren Satzbau (keine Schachtelsätze) und eine treffende Wortwahl.

1

Welche der folgenden Vorschläge eignen sich als interessante Überschriften für ein Kurzreferat zum Sachthema „Rauchen als gesellschaftliches Gesundheitsproblem"?

1. Verbreitung, Ursachen und Risiken des Rauchens ☐
2. Genuss oder Selbstmord auf Raten? ☐
3. Die Zigarette als verbreitetes Genussmittel ☐
4. Gefährlicher Qualm ☐
5. Mehr Freiheit durch Rauchen? ☐
6. Die Bedeutung des Rauchens in der heutigen Gesellschaft ☐
7. Rauchen und Gesundheit ☐
8. Rauchen – die Gesundheitskatastrophe? ☐
9. Verführung durch Zigarettenwerbung ☐
10. Schluss mit dem Rauchen! ☐
11. Macht Rauchen unsere Gesellschaft krank? ☐

2

Formuliere mit Hilfe der dazu geeigneten Stichworte drei verschiedene Einleitungen (ganze Sätze). Sie sollen die Bedeutung des Themas verdeutlichen oder ein interessantes Beispiel aufzeigen oder zum Mitmachen oder Mitdenken auffordern.

Nikotin ein Nervengift – Umsatzeinbußen der Tabakindustrie – Wasserpfeife oder Zigarette? – Milliarden Gesundheitskosten durch Rauchen – heftige Diskussionen über Rauchverbot in Gaststätten – wichtiges politisches Thema – Rauchgewohnheiten – Suchtmittel – Methoden der Tabakwerbung – Jana 15 Jahre – immer mehr Freundinnen rauchen – in der Disko immer dickere Luft – Nichtraucher = Außenseiter? – bekannte Zigarettenmarke? – moderne Zigarettenproduktion – Luftbelastung Gaststätte: viel befahrene Straße? – Tabaksteuer – witzige Zigarettenwerbung – Geschichte des Rauchens

3

Lies die veranschaulichenden Beispiele auf den folgenden Seiten und ordne sie anschließend den passenden Referatabschnitten zu (Karten 1–7). Manchmal lässt sich ein Material auch mehreren Abschnitten zuordnen.

a)

Substanz	Gesundheitliche Auswirkungen
Nikotin	Sucht (erzeugt Abhängigkeit)
Reizgase (>4000)	chronische Bronchitis/Krebs auslösend
Teerstoffe (>40)	Krebs auslösend
Kohlenmonoxid (CO)	verminderter Sauerstofftransport

http://www.raucherstoppzentrum.ch/0189fc92f11229701/0189fc93040dae802/index.html

b)

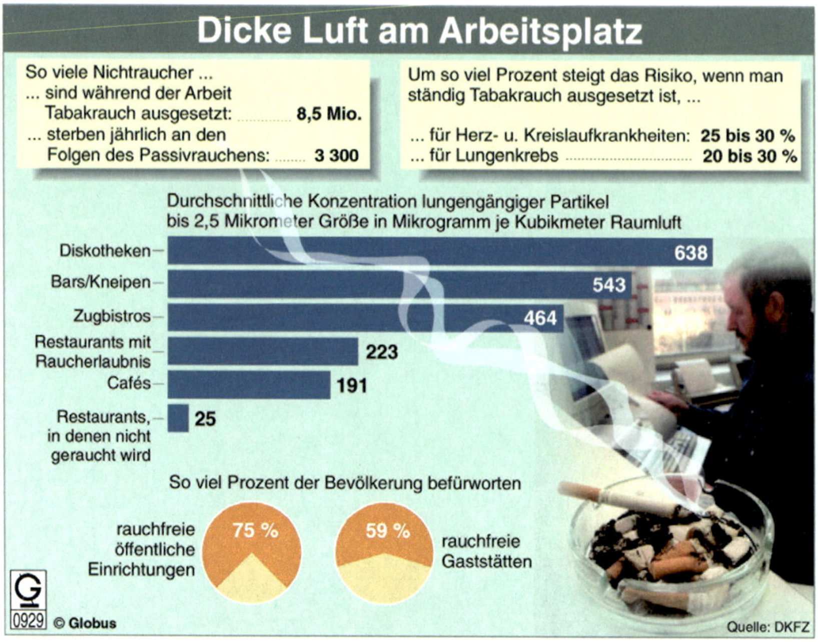

GLOBUS Infografik, Hamburg

http://www.bzga.de/uid=ce5278af399862245aa6e9e48cb2fc9d&id=medien&sid=6&idx=1103&sub=1

c)

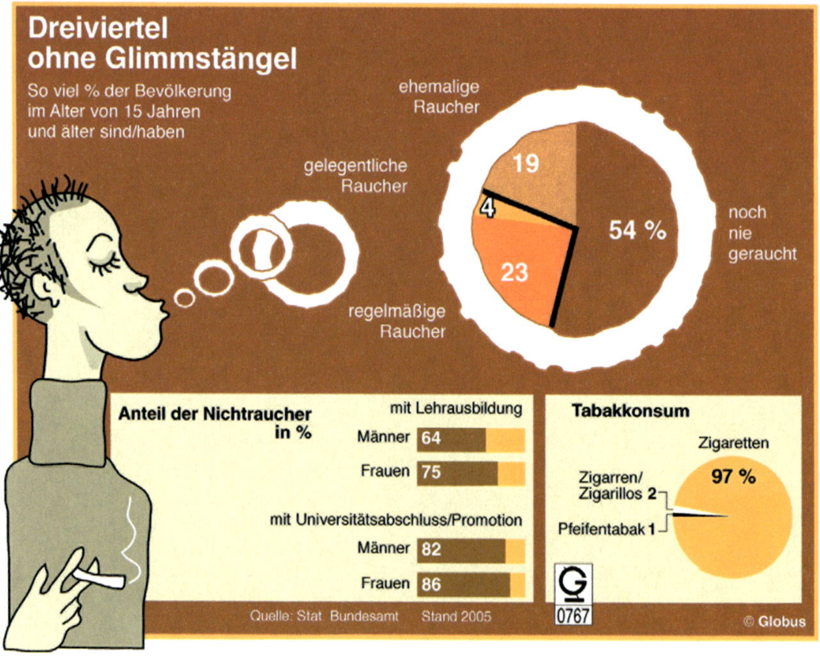

GLOBUS Infografik, Hamburg

d)

Gesamtanteil der jugendlichen Raucher zwischen 12 und 18 Jahren				
Jahr	**Alte Bundesländer**		**Neue Bundesländer**	
	männlich	**weiblich**	**männlich**	**weiblich**
1993	20%	22%	24%	16%
1997	27%	26%	28%	41%
2001	26%	27%	31%	33%

http://www.krebsgesellschaft.de/rauchen_datenzahlenfakten,1050.html

e)

Wirtschaftliche Folgekosten des Rauchens in Milliarden €

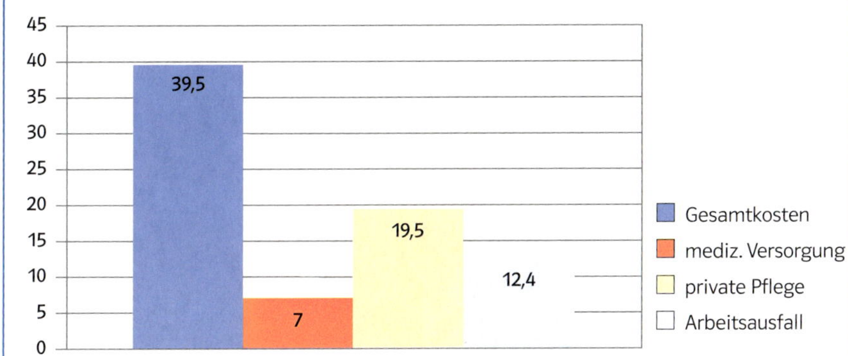

f)

Bundeszentrale für gesundheitliche Aufklärung
http://www.bzga.de/uid=ce5278af399862245aa6e9e48cb2fc9d&id=medien&sid=6&idx=1103&sub=1

1. Referatabschnitt: Verbreitung des Tabakkonsums ______
2. Referatabschnitt: Jugendliche Raucher ______
3. Referatabschnitt: Ursachen des Rauchens ______
4. Referatabschnitt: Inhaltsstoffe einer Zigarette ______
5. Referatabschnitt: Auswirkung des Rauchens auf den Körper ______
6. Referatabschnitt: Gesundheitsschäden durch Rauchen ______
7. Referatabschnitt: Krankheitskosten durch Rauchen ______

4

Formuliere mit Hilfe der Stichworte Überleitungen zum jeweils folgenden Referatabschnitt. Schreibe die Lösungen auf deine Karteikarten oder trage sie in dein Trainingsheft ein.

Einleitung

Überleitung: **Antiraucherkampagnen – Raucher zur Minderheit? – Rauchen immer mehr aus der Mode?**

1. Referatabschnitt: Verbreitung des Tabakkonsums

Überleitung: **Geldknappheit bei Jugendlichen – Rauchbremse?**

2. Referatabschnitt: Jugendliche Raucher

Überleitung: **Gesundheitsgefahr bekannt – trotzdem rauchen – Erklärung**

3. Referatabschnitt: Ursachen des Rauchens

Überleitung: **Zigarettenrauch: nur blauer Dunst? – Inhaltsstoffe**

4. Referatabschnitt: Inhaltsstoffe einer Zigarette

Überleitung: **Giftmix – Auswirkungen**

5. Referatabschnitt: Auswirkungen des Rauchens auf den Körper

Überleitung: **nicht nur Schnaufen beim Treppensteigen**

6. Referatabschnitt: Gesundheitsschäden durch Rauchen

Überleitung: **Kosten – nur Zigarettenkauf?**

7. Referatabschnitt: Krankheitskosten durch Rauchen

5

Ordne die folgenden Stichworte und formuliere mit ihrer Hilfe den Schlussteil deines Referats. Schreibe die Lösung ins Trainingsheft.

nicht nur Spaß heute, schlimme Folgen – Giftmix – ca. 1.000 chemische Substanzen – Einschränkung der körperlichen Leistungsfähigkeit – kein Genussmittel, sondern Ursache von Krankheiten – chronische Erkrankungen – tödliche Krankheiten – Nikotinsucht bei vielen Millionen – für Verbot in allen Restaurants und öffentlichen Gebäuden – wirtschaftlicher Schaden – Rauchen = Erwachsensein?

6

Verfasse ein Handout, indem du die folgenden Informationen den sieben Referatabschnitten zuordnest und in ganzen Sätzen gut verständlich formulierst.

Deutschland: 16,7 Millionen Raucher – 120.000 Todesfälle jährlich – ca. 1.000 chemische Substanzen – keine Übergangsriten von der Jugend zum Erwachsensein – Nikotin, Teerstoffe, Kohlenstoffmonoxid – Leistungsabfall – Durchblutungsstörungen – chronische Bronchitis 75 % – Lungenkrebs 90 % – Einsamkeit, Langeweile, Unsicherheit – frühe Nikotinsucht – verschiedene Krebsarten – Kinder und Jugendliche Hauptadressaten der Werbung – Verschlechterung der Sauerstoffversorgung – Behandlungskosten 20 Mill. Euro – Passivrauchen in Diskotheken und Gaststätten – 3.300 Todesfälle jährlich durch Passivrauchen – Gesamtkosten ca. 40 Milliarden Euro – 82 % schon als Jugendliche Raucher

7

Formuliere mit Hilfe der Karteikarte den Abschnitt „Gesundheitsschäden durch Rauchen" für ein schriftliches Kurzreferat.

(6.) *Gesundheitsschäden durch Rauchen*

Stichworte:

Arterienverkalkung, Gefäßschäden, Durchblutungsstörungen, Verschlechterung der Sauerstoffversorgung; körperlicher Leistungsabfall, Erhöhung des Risikos für Herzinfarkt, chronische Lungenerkrankungen (Bronchitis – 75 % Raucher), verschiedene Krebsarten: Kehlkopfkrebs, Bronchialkrebs, Lungenkrebs (90 % Raucher); etwa 120.000 Tote jährlich (Raucher), 3.300 Tote jährlich (Passivraucher); Schädigung des Ungeborenen (durch Rauchen während der Schwangerschaft)

Überleitung:

Bleibt als letztes die Frage, ob eigentlich das Rauchen nur am Automaten Geld kostet und immer teurer wird?

Um ein Referat gut vorzubereiten und vortragen zu können, gehst du am besten in folgenden Arbeitsschritten vor:

1. Du beschaffst dir für dein Sachthema geeignete, seriöse Informationen in Lexika, Sachbüchern, Zeitschriften, Zeitungen oder im Internet. ☐
2. Du schreibst zentrale Informationen aus den gefundenen Texten mit der jeweiligen Quellenangabe heraus oder markierst sie. ☐
3. Du ordnest diese Stichworte, schreibst sie auf Karteikarten und formulierst Zwischenüberschriften für diese Karteikarten. ☐
4. Du bringst die Karteikarten in eine sinnvolle Reihenfolge und nummerierst sie entsprechend. ☐
5. Du formulierst das Sachthema deines Referats so um, dass es das Interesse deiner Zuhörer weckt, und formulierst auf einer Karteikarte stichwortartig eine interessante Einleitung. ☐
6. Du notierst auf deinen Karteikarten, mit welchem Material du dein Referat anschaulich gestalten möchtest, und wie die Überleitungssätze zum jeweils nächsten Referatabschnitt lauten. ☐
7. Du notierst auf einer weiteren Karteikarte stichwortartig den Schlussteil deines Referats, in dem du wesentliche Informationen zusammenfasst, deine Meinung äußerst, eine Vermutung über die künftige Entwicklung oder eine Bitte an die Zuhörer formulierst. ☐
8. Du formulierst ein Handout deines Referats, das an die Zuhörer verteilt werden soll und in dem du die wesentlichen Informationen zusammenfasst. ☐
9. Du übst mit Hilfe deiner Karteikarten den freien Vortrag des Referats ein oder formulierst den Text eines schriftlichen Referats. ☐

1

Auf den folgenden Seiten findest du Materialien zum Thema „Klimawandel durch den Treibhauseffekt“. Lies die Texte, sieh dir die Grafiken und Darstellungen an und markiere alle wesentlichen Informationen, die zum Thema gehören.

a) Wasserdampf und atmosphärische Spurengase wie Kohlendioxid, Distickstoffoxid, Methan und Ozon lassen die Sonnenstrahlung durch die Atmosphäre weitgehend ungehindert auf die Erde gelangen, halten aber die von der Erde abgegebene längerwellige Wärmestrahlung zurück. Hierdurch erwärmt sich die Erde ähnlich wie in einem Treibhaus auf eine globale Durchschnitttstemperatur von 15 °C. Ohne diesen natürlichen Treibhauseffekt wäre es um ca. 33 °C kälter. Leben wäre dann nicht mehr möglich. Menschliche Aktivitäten führen zur zusätzlichen Freisetzung von solchen klimawirksamen Gasen, die sich überwiegend in der Atmosphäre anreichern. Dadurch wird, zusätzlich zum natürlichen, ein vom Menschen verstärkter Treibhauseffekt ausgelöst, der einen Anstieg der Durchschnittstemperatur auf der Erde bewirkt. Diese Veränderung der klimatischen Gegebenheiten hat vielfältige Probleme zur Folge.

Nach: http://www.umweltbundesamt.de/uba-info-daten/daten/treibhauseffekt.htm

b)

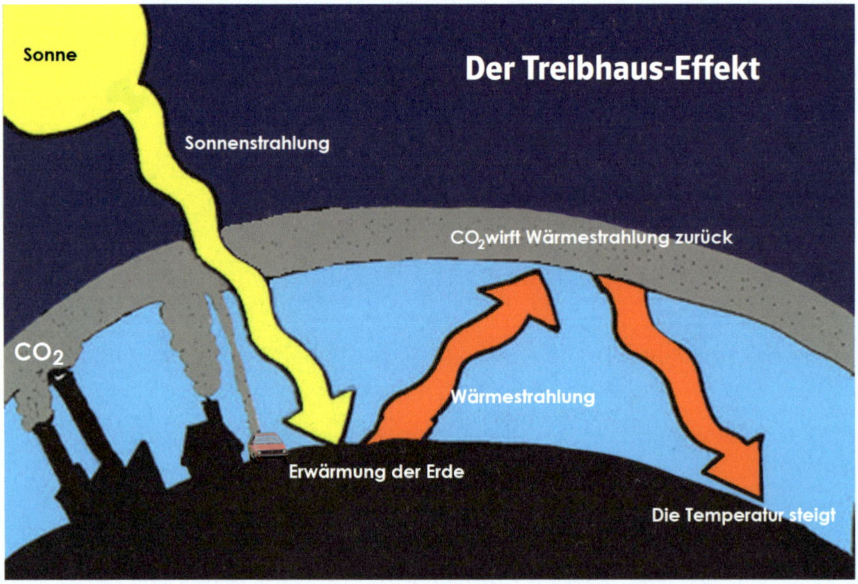

http://www.stk.fh-koeln.de/treibh_text.htm

c) In den vergangenen 100 Jahren hat sich die Erdatmosphäre um etwa 0,7 °C auf eine Durchschnittstemperatur von 15 °C erwärmt. Seit Jahrmillionen wird die Erde durch Sonnenenergie erwärmt. Ein Teil dieser Energie wird als Wärmestrahlung wieder abgegeben und in den Weltraum abgestrahlt. Dieser Prozess ist heute offenbar gestört, ein Teil der Wärmestrahlung kann nicht mehr in den Weltraum entweichen, sondern wird in der Atmosphäre zurückgehalten. Dadurch erwärmt sich die Lufthülle der Erde langsam, wie in einem Treibhaus, weshalb man diesen Vorgang als Treibhauseffekt bezeichnet. (…) Durch den Treibhauseffekt verändert sich das Klima. Ein Teil der Eismassen an den Polen und der Gletscher wird schmelzen, sodass der Meeresspiegel ansteigen wird: eine große Gefahr, besonders für tief liegende Küstenlandschaften. Durch Änderung der Ozeantemperaturen verschieben sich die Klimazonen und Windgürtel der Erde. …

H. Bickel u.a.: Natura – Biologie für Gymnasien. 7.–10. Schuljahr. Stuttgart 2002 (Klett Verlag), S. 244.

d) Fallbeispiel Sommer 2003
Infolge von anthropogenen (durch den Menschen verursachten) Klimaänderungen zeigen sich deutliche Veränderungen auch bei den extremen Wetterereignissen.
So haben sich Stürme und Überschwemmungen im vergangenen Jahrzehnt weltweit gegenüber den 60er Jahren verdoppelt bis verdreifacht, die volkswirtschaftlichen Schäden versechsfacht. Das Eintreten solcher Ereignisse zeigt, wie verwundbar unsere modernen Gesellschaften gegenüber extremen Wetter- und Witterungseinflüssen sind.
Ein eindrucksvolles Beispiel für ein solches Ereignis ist der Hitzesommer 2003. Dieser Hitzesommer kostete in Deutschland zusätzlich rund 7000 Menschen das Leben. Dies sind mehr Personen als jährlich durch Verkehrsunfälle sterben (2003: 6613 Personen [Quelle: Stat. Bundesamt]).
Die extreme Hitzewelle im Sommer 2003 ist als ein sehr seltenes Ereignis einzustufen.

http://www.umweltbundesamt.de/klimaschutz/klimaaenderungen/wirkungen/index.htm

e) Die Folgen der Klimaerwärmung sind vielfältig und mittel- oder langfristig gravierend. Wetterextreme werden häufiger und stärker ausfallen mit entsprechend erhöhten Schadensfolgen. Die Häufung von wetterbedingten Naturkatastrophen in den letzten Jahren (z. B. Hochwasser, Wirbelstürme) werden von vielen Wissenschaftlern als Folge der Klimaerwärmung gesehen. Klimaanomalien (z. B. El Niño) könnten sich verstärken oder verlagern.
Das Klima kann sich regional erheblich verändern, so dass in manchen Regionen Probleme bei der Wasser- und Nahrungsversorgung drohen, während andernorts z. B. der Niederschlag oder die Sonneneinstrahlung zunimmt, was zu günstigeren Wachstumsbedingungen führen kann.
So könnten sich z. B. in Deutschland die Weinanbaugebiete weiter nach Norden verlagern.
Fraglich ist allerdings, ob sich die Landwirtschaft regional und global schnell genug auf den Klimawandel einstellen kann. Welche Regionen eher Verlierer oder Gewinner des Klimawandels sein werden, versuchen die Klimaforscher mittels Klimasimulationen zu ergründen, deren Ergebnisse aber noch relativ weit streuen.
Viele Arten werden die Klimaerwärmung nicht überleben. Korallenriffe z. B., die nach den Regenwäldern artenreichsten Ökosysteme, sind z. T. schon durch die Erwärmung des Wassers abgestorben und in weiten Bereichen bedroht.
Manche Arten werden sich dagegen besser entfalten und ausbreiten können, z. B. tauchen in Südeuropa Insekten auf, die bisher nur aus Afrika bekannt sind. Dies kann zur Verbreitung tropischer Krankheiten nach Norden führen.

http://www.learn-line.nrw.de/angebote/agenda21/lexikon/klimawandel.htm#Folgen

f)

Fieberkurve des Planeten

Temperaturabweichungen (°C) vom Durchschnitt der Jahre 1961 bis 1990

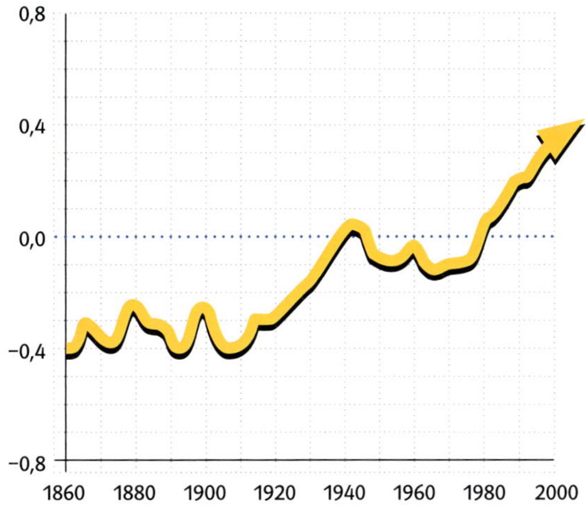

g)

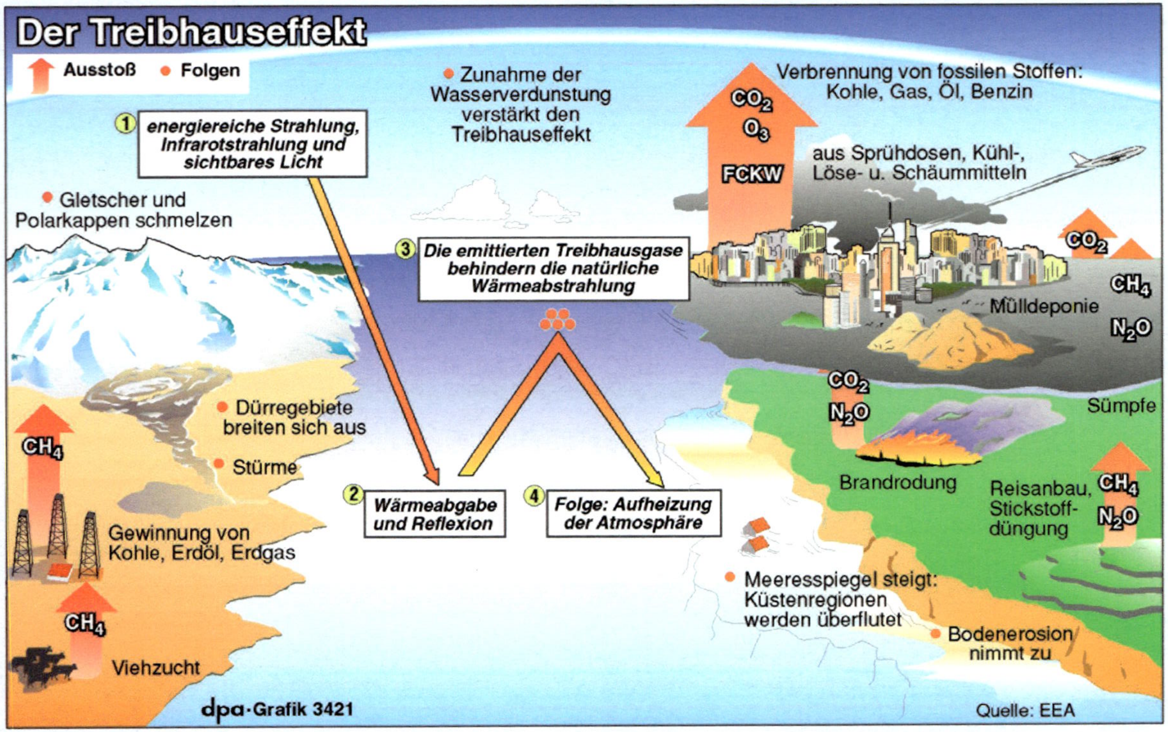

Legende zur Grafik

N_2O = Distickstoffmonoxid/Lachgas (ein Treibhausgas)
CH_4 = Methan/Fäulnisgas (ein Treibhausgas)
CO_2 = Kohlendioxid/giftiges Gas (ein Treibhausgas)
FCKW = Fluorchlorkohlenwasserstoffe/Treibgase und Kältemittel (Treibhausgase)
H_2O = Wasser/Wasserdampf (ein Treibhausgas)
O_3 = Ozon / giftiges Gas (ein Treibhausgas)

http://www.faz.net/imagecache/%7BF78BA547-0474-4348-A818-63C71545890A%7D picture.jpeg

2

a) Die Informationen, die du den Materialien entnehmen kannst, lassen sich in vier Referatabschnitte gliedern. Lege dafür vier Karteikarten an und ordne die Informationen stichwortartig den geeigneten Zwischenüberschriften zu. Notiere auch die Quelle, der du die Informationen entnommen hast.

Zwischenüberschriften:
Der vom Menschen verursachte (anthropogene) Treibhauseffekt
Der natürliche Treibhauseffekt
Die Folgen der Klimaänderung
Die Klimaveränderung durch den anthropogenen Treibhauseffekt

b) Lege nun die Reihenfolge fest, in der du die vier Referatabschnitte vortragen möchtest. Nummeriere die Karteikarten entsprechend.

3

Formuliere das Sachthema „Klimawandel durch den Treibhauseffekt" in ein interessantes Referatthema um, und schreibe eine Einleitung.

4

Notiere auf den Karteikarten, mit welchen Materialien du die einzelnen Referatabschnitte veranschaulichen möchtest. Formuliere anschließend zu jedem Abschnitt eine Überleitung.

5

Entwirf ein Handout zu deinem Vortrag.

6

Schreibe einen Schlussteil, in dem du wichtige Ergebnisse deines Vortrags noch einmal zusammenfasst.

7 Erörterungen schreiben

7.1 Thema, These, Argumente und Einleitung einer linearen Erörterung

Wenn man ein Thema erörtert, möchte man seinen Gesprächspartner, seine Zuhörer oder Leser informieren und überzeugen. In diesem Abschnitt soll es darum gehen, wie man solch eine Erörterung überhaupt beginnt und welche Informationen sich als Argumente eignen. Im zweiten Abschnitt dieses Kapitels übst du dann, eine vollständige Erörterung zu schreiben.

1. Arbeitsschritt

Wähle ein **Thema** (in Aussage- oder Frageform), mit dem du eine **Meinung (These)** vertrittst.

Ungeeignetes Thema: Sportunterricht
Geeignetes Thema: Der Sportunterricht sollte verdoppelt werden.
Oder: Warum sollte der Sportunterricht verdoppelt werden?

2. Arbeitsschritt

Stelle **sachliche Argumente** zusammen, die deine These begründen. Berücksichtige dabei **Einzelinformationen** (eigene Erfahrung, allgemeine Normen, Aussagen von Fachleuten, seriöse Informationen aus Internet oder Sachbüchern) und veranschauliche deine Argumente mit **Beispielen**.

Argument für die eigene Meinung: Der Sportunterricht sollte verdoppelt werden, weil die meisten Schüler in der Freizeit wenig Bewegungsmöglichkeiten haben.

Einzelinformation: Ein wesentlicher Grund für die geringen Bewegungsmöglichkeiten im unmittelbaren Wohnumfeld liegt in der erheblichen Zunahme des Autoverkehrs auch in bisher ruhigen Wohngebieten.

Beispiel: Sonja und ihre Freundinnen haben sich schon lange nicht mehr draußen getroffen. Spielen auf der Straße ist einfach zu gefährlich geworden, seitdem die frühere Wohnstraße von immer mehr Autofahrern genutzt wird, um Staus auf der Hauptstraße zu umfahren.

3. Arbeitsschritt
Schreibe eine **Einleitung** mit einer kurzen **Einführung ins Thema (These),** einen kurzen Ausblick auf die Argumentation und evtl. mit einer **Ausgangsfrage**. Die Einleitung gelingt am besten, wenn man sich schon genauer mit den Informationen zum Thema und den Argumenten für die eigene Meinung beschäftigt hat. Schau dir deine Einleitung nach Ausarbeitung des Hauptteils dann noch einmal an und ergänze und ändere sie gegebenenfalls.

Einführung: Übergewicht und Bewegungsmangel von Kindern nehmen in Deutschland und anderen Industrieländern immer mehr zu und verursachen erhebliche Gesundheitsprobleme.
Die Schule hat meiner Meinung nach am ehesten die Möglichkeit, durch eine Ausdehnung des Sportunterrichts dieser Entwicklung entgegenzuwirken.
Ausgangsfrage: Sind für dieses Problem nur die Familien verantwortlich oder hat nicht auch die Schule hier eine wichtige Aufgabe?

1

Welche der folgenden Themen eignen sich für eine Erörterung? Begründe deine Auswahl im Trainingsheft und formuliere die ausgewählten Themen als Erörterungsfragen.

1. Sportunterricht
2. Aufgaben des Sportunterrichts
3. Verdopplung des Sportunterrichts
4. Sport in der Schule
5. Schüler im Sportunterricht
6. Chatten im Internet
7. Isolation durch häufiges Chatten
8. Das Internet
9. Chatrooms im Internet
10. Kommunikation durch das Internet
11. Möglichkeiten der Internetnutzung
12. Das eigene Zimmer
13. Ausstattung eines Jugendzimmers
14. Aufräumen des eigenen Zimmers
15. Dekoration und Mobiliar eines Jugendzimmers
16. Umgestaltung vom Kinder- zum Jugendzimmer

2

Welche der folgenden Stichworte eignen sich als Argumente für die Ausgangsfrage: „Warum sollte der Sportunterricht verdoppelt werden?" Formuliere die Argumente in ganzen Sätzen und schreibe sie ins Trainingsheft.

- ☐ weniger Unterricht in langweiligen Fächern
- ☐ hohes Unfallrisiko beim Skifahren
- ☐ Gesundheitsförderung durch Sport
- ☐ Mein alter Wunsch: jeden Tag Sport
- ☐ netter Sportlehrer
- ☐ Verbesserung der geistigen Leistungsfähigkeit durch Sport
- ☐ neue Sporthalle
- ☐ viele Sporttalente in der Klasse
- ☐ Ausgleich zum Bewegungsmangel in Freizeit und Schule
- ☐ immer mehr Sportlehrer
- ☐ immer mehr Sport im Fernsehen
- ☐ Förderung des Sozialverhaltens
- ☐ Verringerung des Übergewichts vieler Kinder und Jugendlichen
- ☐ Behebung von Bewegungsstörungen bei vielen Kindern

3

Welche der folgenden Stichworte eignen sich als Einzelinformationen und welche als Beispiele für eine Erörterung mit dem Thema: „Warum sollte der Sportunterricht verdoppelt werden?“

1. Hinweise von Ärzten, Krankenkassen: zunehmender Bewegungsmangel bei Kindern führt zu Haltungsmängeln und Übergewicht
2. körperliche Leistungsfähigkeit von 10–14jährigen wegen Bewegungsmangel seit 1995 um 20 % gesunken
3. Faire Konkurrenz im Sport
4. jedes 6. Kind mit Übergewicht
5. Bewegungsmangel durch Computerspiele und Fernsehen
6. Abbau von Aggressionen durch Sport
7. Bewegung wichtig für Begreifen der Umwelt
8. Bewegung notwendig für gute Haltung, Entwicklung der Muskulatur, Verhinderung von Übergewicht
9. Förderung der Kreativität durch Bewegung
10. immer weniger Straßenraum zum Spielen
11. Sportliche Übungen = wichtige Lernerfahrung (Fortschritt durch Üben)
12. Sechs- bis Zehnjährige: nur noch eine Stunde körperliche Bewegung durchschnittlich am Tag
13. Sport = viel Spaß
14. hohe Behandlungskosten durch Haltungsschäden, Herz-Kreislauferkrankungen wegen Bewegungsmangel
15. Marco – 100 Kilo – Treppensteigen schwierig
16. Langes Stillsitzen schlecht für Konzentrationsfähigkeit
17. Weniger Hausaufgaben
18. Sarah: keine 10 Sekunden auf einem Bein stehen
19. Kinder von 6 bis 13 Jahre: 83 % sehen täglich fern, 46 % spielen draußen
20. bei nur ca. 50 % der 10–12jährigen normal entwickelte Muskulatur
21. Eine Stunde im Schulbus sitzen, mit dem Aufzug in die Wohnung fahren und stundenlang Fernsehen = Olivers Alltag
22. Kinder: täglich durchschnittlich 18 Stunden am Tag sitzen/liegen
23. Erklärung des Deutschen Kinderschutzbunds: „Der Mangel an körperlicher Aktivität von Kindern ist jedoch mittlerweile zu einem ernsten Problem nicht nur für die Familien, sondern für die gesamte Gesellschaft geworden.“
24. Verbesserte Sportkleidung
25. Neue Methoden des Sportunterrichts

26. Sabine: nur Cola und Fast Food, 30 Kilogramm Übergewicht
27. Sportwissenschaftler: „Kinder, die zu wenig Bewegung haben und sich nicht ausreichend spielerisch und sportlich betätigen, werden gesundheitliche Probleme bekommen. Deutschland wird krank."

Einzelinformationen:

1.,

Beispiele:

15.,

Ungeeignet:

13.,

4

Erläutere das folgende Argument in deinem Trainingsheft. Verwende dazu geeignete Informationen aus Aufgabe 3.

Der Sportunterricht sollte verdoppelt werden, um den Bewegungsmangel in der Freizeit auszugleichen. ...

5

Welcher von diesen drei Texten passt in die Einleitung einer Erörterung zum Thema: „Warum sollte der Sportunterricht verdoppelt werden?" Begründe deine Auswahl.

a) Ärzte sind immer unzufriedener mit ihren Patienten: Ungesunde Ernährung und Bewegungsmangel verursachen die Volkskrankheit Nr. 1: die Herz-Kreislauferkrankungen. Durch den zunehmenden Autoverkehr und die Verbreitung elektronischer Medien kommen viele Menschen kaum noch ans gesunde Schwitzen durch Bewegung. Hier könnte vielleicht durch den Sport eine Besserung erreicht werden. …

b) Viele Menschen in Deutschland sind zu dick, haben Probleme beim Treppensteigen oder häufige Rückenschmerzen. Oft liegen die Ursachen dafür in der Kindheit. Der Sportunterricht könnte einen wichtigen Beitrag leisten, um Bewegungsmangel und Übergewicht schon im Kindesalter zu bekämpfen. …

c) Immer mehr Kinder ernähren sich von Fast Food, schauen stundenlang Fernsehen oder sitzen vor der Spielekonsole. Das Spielen im Freien und das Treffen mit Freunden sind seltener geworden. Viele Kinder wachsen ungesund und viel zu einsam auf. Dagegen sollten die Schulen und Sportvereine unbedingt etwas unternehmen. Denn hier findet schließlich ein großer Teil der Erziehung statt. …

6

Formuliere eine Ausgangsfrage, mit der du die Einleitung der Erörterung „Warum sollte der Sportunterricht verdoppelt werden?" abschließt. Schreibe deine Lösungen ins Trainingsheft.

7.2 Aufbau und sprachliche Mittel einer linearen Erörterung (Hauptteil und Schluss)

Du hast im vorigen Abschnitt gelernt, wie man eine Erörterung beginnt und welche Informationen sich als Argumente eignen. Hier erfährst du nun, wie der Hauptteil einer Erörterung aufgebaut werden muss, welche sprachlichen Mittel du am besten verwendest und wie du deine Erörterung abschließt.

Hauptteil und Schluss

1. Arbeitsschritt

Eine **Mindmap** kann dir beim Ordnen der Argumente und Informationen für den **Hauptteil** deiner Erörterung helfen. Dabei bildest du jeweils Blöcke mit Argumenten und Informationen rund um die zentrale Erörterungsfrage.

Warum sollte der Sportunterricht verdoppelt werden?

a) Verhinderung von Gesundheitsschäden
- Behebung von Bewegungsstörungen
- …
- …

b) Förderung des Selbstbewusstseins
- Erfahren der körperlichen Leistungsfähigkeit
- …
- …

c) Verbesserung der geistigen Konzentrationsfähigkeit
- Gesunder Kreislauf wichtig für Konzentration
- …
- …

d) Förderung des Sozialverhaltens
- Einhaltung von Regeln
- …
- …

2. Arbeitsschritt
Für die **Gliederung** des **Hauptteils** gilt: Deine **Argumentation** sollte sich **steigern**, d.h. die wichtigsten Argumente sollten am Schluss genannt werden.

3. Arbeitsschritt
Am **Schluss** deiner Erörterung fasst du die **wesentlichen Argumente** für deine These zusammen und formulierst evtl. eine **Forderung** oder **Bitte**.

4. Arbeitsschritt
Nun schaust du dir noch einmal deine Einleitung an. Oft musst du sie nach Ausarbeitung des Hauptteils noch ergänzen und oder abwandeln, um den Leser auf den Argumentationsgang gut vorzubereiten.

Sprachliche Mittel

Zu einer Argumentation gehören auch bestimmte sprachliche Mittel, damit der gedankliche Aufbau klar wird und der Leser deiner Erörterung mit Interesse folgt.

a) Dazu gehören **Kausal-, Final-, Konditional-, Konsekutiv- und Konzessivsätze**, mit denen du Gründe, Folgen, Bedingungen oder Auffälligkeiten benennen kannst.
   Der Sportunterricht sollte verdoppelt werden, …
   - **weil** viele Kinder und Jugendliche in ihrer Freizeit zu wenig Bewegung haben und dadurch ihre Gesundheit gefährdet ist. **(Kausalsatz)**
   - **um** den Bewegungsmangel vieler Kinder und Jugendlicher auszugleichen und damit ihre Gesundheit zu erhalten. **(Finalsatz)**

   Wenn der Sportunterricht verdoppelt würde, gäbe es weniger Haltungsschäden unter den Kindern und Jugendlichen. **(Konditionalsatz)**
   Der Bewegungsmangel vieler Kinder und Jugendlichen ist so groß, **dass** ihre Gesundheit erheblich gefährdet wird. **(Konsekutivsatz)**
   Obwohl sich ein großer Teil der Jugendlichen für Sport interessiert, bewegen sich viele von ihnen in ihrer Freizeit viel zu wenig. **(Konzessivsatz)**

b) Komparative, Superlative, Appelle (Aufforderungssätze) oder rhetorische Fragen (Fragen, die ihre Antwort schon enthalten) dienen der Hervorhebung wichtiger Aussagen:
Eine **der größten** Gesundheitsgefahren unserer Zeit ist der Bewegungsmangel von Kindern und Jugendlichen. **(Superlativ)**
Helfen Sie alle **mit**, diesem Problem zu Leibe zu rücken! **(Appell)**
Können Eltern und Lehrer ruhig zusehen, wie Kinder durch Bewegungsmangel krank werden? **(Rhetorische Frage)**

c) Mit der Zeitform des Präsens verdeutlichst du die Allgemeingültigkeit deiner Aussagen
Immer häufiger **führt** der Bewegungsmangel vieler Kinder zu erheblichen Haltungsschäden.

1

Lege nach folgendem Muster eine Mindmap an. Fasse die Informationen und Beispiele stichwortartig zusammen und ordne sie den passenden Argumenten (a – d) zu.

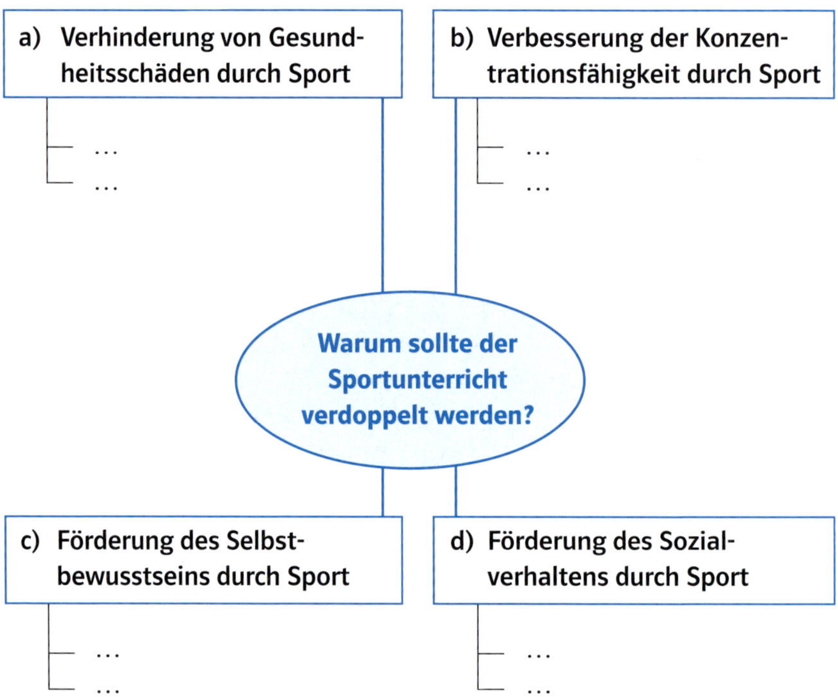

- Hinweise von Ärzten, Krankenkassen: zunehmender Bewegungsmangel bei Kindern führt zu Haltungsmängeln und Übergewicht
- körperliche Leistungsfähigkeit von 10–14jährigen wegen Bewegungsmangel seit 1995 um 20 % gesunken
- Fairness und Kooperation gut erlernbar
- jedes 6. Kind mit Übergewicht
- Bewegungsmangel durch Computerspiele und Fernsehen
- Abbau von Aggressionen durch Sport; Einhaltung von Regeln
- Bewegung notwendig für gute Haltung, Entwicklung der Muskulatur, Verhinderung von Übergewicht
- Sport für ca. 50 % der Jungen und 40 % der Mädchen auch in Freizeit wichtig
- immer weniger Straßenraum zum Spielen
- Sportliche Übungen = wichtige Lernerfahrung (Fortschritt durch Üben)
- Sechs- bis Zehnjährige: nur noch eine Stunde körperliche Bewegung durchschnittlich am Tag
- Schulsport: eigene sportliche Fähigkeiten (Vereinssport) zeigen
- hohe Behandlungskosten durch Haltungsschäden, Herz-Kreislauf-erkrankungen wegen Bewegungsmangel
- Marco – 100 Kilo – Treppensteigen schwierig
- Langes Stillsitzen schlecht für Konzentrationsfähigkeit
- Sarah: keine 10 Sekunden auf einem Bein
- Verbesserung der körperlichen Leistungsfähigkeit
- Ausgleich zum Stillsitzen im Unterricht
- Kinder von 6 bis 13 Jahre: 83 % sehen täglich fern, 46 % spielen draußen
- Aushalten von Konkurrenzsituationen / keine Versagensängste
- Unterrichtsalltag: stundenlanges Stillsitzen
- bei nur ca. 50 % der 10-12jährigen normal entwickelte Muskulatur
- Eine Stunde im Schulbus sitzen, mit dem Aufzug in die Wohnung fahren und stundenlang Fernsehen = Olivers Alltag
- Kinder: täglich durchschnittlich 18 Stunden am Tag sitzen/liegen
- Kooperation in der Gruppe bei Mannschaftsspielen
- Erklärung des Deutschen Kinderschutzbunds: „Der Mangel an körperlicher Aktivität von Kindern ist jedoch mittlerweile zu einem ernsten Problem nicht nur für die Familien, sondern für die gesamte Gesellschaft geworden."
- Gesunder Kreislauf wichtig für Konzentration
- Sabine: nur Cola und Fast Food, 30 Kilogramm Übergewicht
- Sportwissenschaftler: „Kinder, die zu wenig Bewegung haben und sich nicht ausreichend spielerisch und sportlich betätigen, werden gesundheitliche Probleme bekommen. Deutschland wird krank."

2

Gliedere die Argumente und Informationen und achte auf einen steigernden Aufbau, d.h. nenne die deiner Meinung nach wichtigsten Argumente und Informationen am Schluss.

3

Ergänze die folgenden Satzanfänge mit den angegebenen sprachlichen Mitteln.

1. Immer mehr Kinder leiden unter Bewegungsmangel, ____________________
   ____________________. **(Kausalsatz)**
2. Computerspiele und Fernsehen füllen einen großen Teil der Freizeit von Kindern und Jugendlichen, ____________________
   ____________________. **(Konsekutivsatz)**
3. In der Schule sollte die Bewegung der Schüler wesentlich mehr gefördert werden, ____________________
   ____________________. **(Finalsatz)**
4. ____________________
   ____________________, kann dies zu schweren Haltungsschäden und Übergewicht führen. **(Konditionalsatz)**
5. ____________________, spielt der Sportunterricht an den meisten Schulen immer noch eine Nebenrolle. **(Konzessivsatz)**
6. Je ____________________ Straßenraum zum Spielen zur Verfügung steht, desto ____________________ weichen Kinder auf Computerspiele und Fernsehen aus. **(Komparativ)**
7. Es ist ____________________ Zeit zu handeln. **(Superlativ)**

8. ____,

tut endlich etwas gegen die Haltungsschäden von Kindern! **(Appell)**

9. ____

auf der Straße spielen? **(Rhetorische Frage)**

10. ____

noch gesund? **(Rhetorische Frage)**

4

Schreibe den gegliederten Hauptteil deiner Erörterung zum Thema „Warum sollte der Sportunterricht verdoppelt werden?". Verwende dabei deine gegliederten Argumente und Informationen, schreibe auch über deine eigene Erfahrung und achte auf die sprachliche Gestaltung. Trage deine Lösung ins Trainingsheft ein.

5

Schreibe den Schlussteil deiner Erörterung, indem du die Argumente des Hauptteils zusammenfasst und das Ergebnis formulierst.

6

Passt deine Einleitung noch zu Hauptteil und Schluss deiner Erörterung? Ergänze sie, wenn nötig.

Viele Menschen in Deutschland sind zu dick, haben Probleme beim Treppensteigen oder häufige Rückenschmerzen. Oft liegen die Ursachen dafür in der Kindheit. Der Sportunterricht könnte einen wichtigen Beitrag leisten, um Bewegungsmangel und Übergewicht schon im Kindesalter zu bekämpfen. ...

1. Zu einer Erörterung gehört eine Einleitung mit einer Einführung ins Thema (These) und einem kurzen Ausblick auf die Argumentation. Du kannst auch eine Ausgangsfrage formulieren. ☐
2. In der Erörterung verwendest du sachliche Argumente, die du mit belegbaren Einzelinformationen und Beispielen erläuterst und veranschaulichst. ☐
3. Deine Argumentation entwickelst du im Hauptteil der Erörterung, zu dessen Gliederung du am besten eine Mindmap mit den verschiedenen Argumenten und den dazu gehörenden Informationen rund um das Erörterungsthema anfertigst. ☐
4. Die Argumente und Informationen sollten sich im Hauptteil deiner Erörterung sowie in dessen Abschnitten steigern, d. h. die wichtigsten sollten jeweils am Schluss genannt werden. ☐
5. Zur sprachlichen Klarheit und abwechslungsreichen Gestaltung gehört besonders die Verwendung verschiedener Arten von Nebensätzen und Satzverknüpfungen, von Komparativen, Superlativen, Appellen und rhetorischen Fragen sowie der Zeitform des Präsens. ☐
6. Im Schlussteil greifst du das Erörterungsthema noch einmal auf und formulierst eine Zusammenfassung der Argumente sowie eine Bitte oder Frage im Zusammenhang mit dem Erörterungsthema. ☐
7. Du überprüfst, ob deine Einleitung noch zu Haupt- und Schlussteil deiner Erörterung passt oder ob sie entsprechend verändert oder ergänzt werden muss. ☐

1

Erörtere die Frage: „Warum sollten auch die Kinder über den Familienurlaub mit entscheiden?“

Fertige zuerst eine Mindmap an, in der du alle Argumente und Informationen stichwortartig notierst. Orientiere dich an folgendem Muster.

a) Urlaub – wichtige Familienzeit
- …
- …

b) Erziehung zur Selbstständigkeit
- …
- …

Warum sollten auch die Kinder über den Familienurlaub mit entscheiden?

c) Erleichterung der Urlaubsplanung
- …
- …

d) Verbesserung des Familienlebens
- …
- …

Zusammengehörigkeitsgefühl

Kein Nörgeln bei Enttäuschung

Schritt ins Erwachsenenleben

Wichtig für Tochter: Gleichaltrige am Urlaubsort

Zeit für gemeinsame Unternehmungen

Bessere Stimmung im Urlaub

Kein Schul- oder Berufsstress

Wichtig für Sohn: Sporttauchen möglich

Unterschiedliche Urlaubsinteressen

Erziehung zur Selbstständigkeit

Gemeinsame neue Erlebnisse

Urlaubsziel: schwieriger Kompromiss

Mehr Verständnis füreinander

Leichtere Aufteilung der Urlaubsvorbereitung

Erleichterung der Urlaubsplanung

Neue Seiten an Familienmitgliedern kennen lernen

Neue Ideen für Urlaubsziele

Mutter: Sonne und viel Schwimmen

Urlaub – wichtige Familienzeit

Alle informieren sich

Verbesserung des Familienlebens

Erholung von Beruf und Schule

Ununterbrochen zusammen

Vater: Zeit zum Angeln

Verständnis für andere Interessen

Verbesserung der Diskussionsfähigkeit

Vermeidung einer reinen Konsumhaltung

Mitverantwortung für Urlaubsentscheidung

Entdeckung gemeinsamer Interessen

Auswirkung auf andere Familienentscheidungen

2
Formuliere eine Einleitung für den Erörterungsaufsatz.

3
Gliedere nun deine Notizen steigernd und schreibe den Hauptteil deiner Erörterung.

4
Schreibe einen Schluss, in dem du die wesentlichen Argumente zusammenfasst und eine abschließende Forderung oder Bitte äußerst. Prüfe deine Einleitung noch einmal. Bereitet sie den Leser gut auf den Hauptteil vor? Korrigiere sie gegebenenfalls.

8 Jugendromane lesen und untersuchen

Für das Lesen eines Romans brauchst du einige Techniken, die dir das Verständnis erleichtern und dir helfen, den Überblick zu behalten.

1. Zunächst informierst du dich über das **Buch** (Thematik, Leserkreis, Verbreitungsgrad, Entstehungszeit) und den Autor (Alter, beruflicher Werdegang, Interessen, Veröffentlichungen).

2. Du informierst dich über **Fachbegriffe** oder sonstige nicht alltägliche **Gegebenheiten** des Buches (z. B. Ort, Zeit und gesellschaftlicher Zusammenhang), hältst die gefundenen Informationen stichwortartig fest und formulierst einen kurzen Text mit den entsprechenden Erläuterungen.

3. Beim Lesen machst du dir nun zu jedem Kapitel **Stichworte**, mit denen du den wesentlichen Inhalt festhältst.

4. Du beschreibst die **Haupthandlung** (Ausgangssituation, Geschichte der Hauptfiguren) mit wenigen kurzen Sätzen oder auch Stichworten.

5. Du gibst jedem neuen **Handlungsstrang außerhalb** der **Haupthandlung** (Parallelhandlung, Vorgeschichte) eine Überschrift.

6. Du entwirfst eine **Handlungsskizze**, die dir den Überblick über den Verlauf der Haupthandlung erleichtert.

7. Du legst ein Verzeichnis der **Haupt**- und **Nebenfiguren** an.

8. Du benennst evtl. vorhandene **Leitmotive**, die das Verständnis des Romans erleichtern, indem du
   - einen Zusammenhang von Romantitel und -inhalt herstellst,
   - Anspielungen auf den Titel im Roman genauer untersuchst
   - und dabei eine evtl. bildhafte Bedeutung des Titels erfasst.

1

Im diesem Kapitel geht es um den Jugendroman „Löcher. Die Geheimnisse von Green Lake“ von dem Autor Louis Sachar. Bestimmt hast du schon von diesem Buch gehört, vielleicht hast du es sogar schon gelesen.

Verfasse mit Hilfe der folgenden Stichworte zunächst ein kurzes Porträt des Autors Louis Sachar. Sicher gibt es noch weitere Informationen über den Autor, die du besonders im Internet, aber auch im Klappentext des Buches finden kannst.

Geb. 1954, New York – Studium Wirtschaftswissenschaften, Jura – u.a. Pulloververkäufer – Hilfslehrer in Grundschule, 1. Kinderbuch – Anwalt, erfolgreiche Kinderbücher – seit 1989: Schreiben als Hauptberuf – Löcher: 1998, mehrere bekannte amerikanische Literaturpreise, Auswahlliste zum deutschen Jugendliteraturpreis – verheiratet, 1 Tochter, Kalifornien

2

Verfasse mit Hilfe der folgenden Stichworte einen kurzen Informationstext über Camps für kriminelle Jugendliche und deren Bedeutung in den USA. Natürlich kannst du auch selbst im Internet oder einem Lexikon nach weiteren Informationen zu diesem Thema suchen.

Boot Camp (Stiefel-Lager): Militärisches Ausbildungslager für Rekruten oder Umerziehungslager für Jugendliche als Gefängnisersatz oder auf Wunsch überforderter Eltern – Anzahl: USA, ca. 400 – einfache Genehmigung, oft keine pädagogisch ausgebildeten Mitarbeiter, keine Gültigkeit von Jugendschutzgesetzen – hartes körperliches Training, sehr strenge Strafen – immer wieder Todesfälle – erniedrigender Umgangston, strikter Gehorsam – wissenschaftliche Untersuchungen: militärischer Drill nur vorübergehend wirksam, keine wirkliche Änderung der Persönlichkeit, Camps teuer und nicht effektiv

3

Lies das 2. Kapitel der „Löcher". Welche von den anschließend aufgeführten Stichworten halten den wesentlichen Inhalt des Kapitels fest?

Das hier nennt sich zwar Green Lake, aber einen See gibt es gar nicht. Früher gab es mal einen ganz großen, den größten See in Texas, aber das ist schon über hundert Jahre her. Jetzt ist hier alles flach und trocken, eine einzige Wüste.
Es gab auch mal eine Stadt, die Green Lake hieß, aber die ist gleichzeitig mit dem See immer mehr zusammengeschrumpft und ausgetrocknet, genauso wie die Leute, die da wohnten.
Im Sommer liegt die Temperatur tagsüber bei 35 Grad im Schatten – vorausgesetzt, man findet irgendwo Schatten. Viel gibt es davon nicht an einem großen, ausgetrockneten See.
Die einzigen Bäume sind zwei alte Eichen am Ostufer des „Sees". Dazwischen ist eine Hängematte gespannt und dahinter steht eine Blockhütte.
Den Bewohnern des Camps ist es verboten, sich in die Hängematte zu legen. Sie gehört nämlich dem Boss. Der Schatten ist ganz allein für den Boss.
Draußen am See suchen Klapperschlangen und Skorpione Schatten unter Felsen und in den Löchern, die die Bewohner des Camps gegraben haben. Was die Klapperschlangen und Skorpione angeht, sollte man sich eine wichtige Regel merken: Lass sie in Ruhe, dann lassen sie dich auch in Ruhe.
Normalerweise.
Von einem Skorpion oder sogar von einer Klapperschlange gebissen zu werden ist nicht das Schlimmste, was dir passieren kann. Daran stirbst du nicht.
Normalerweise.
Manchmal kommt es vor, dass einer der Jungs hier es darauf anlegt, von einem Skorpion gebissen zu werden, vielleicht sogar von einer kleinen Klapperschlange. Dann darf er sich ein oder zwei Tage in seinem Zelt ausruhen und muss kein Loch graben draußen auf dem See.
Aber keiner würde sich freiwillig von einer gelb gefleckten Eidechse beißen lassen. Das ist das Schlimmste, was einem passieren kann. Dann stirbt man einen langsamen, qualvollen Tod.
Immer.
Wenn du von einer gelb gefleckten Eidechse gebissen wirst, dann kannst du geradeso gut hinüber in den Schatten der Eichen gehen und dich in die Hängematte legen.
Dann kann dir nämlich keiner mehr was. (S. 7 f.)

Louis Sachar (*1954), Löcher. Die Geheimnisse von Green Lake

Temperatur 35 Grad – Gefängnis für Jungen – kaum Schatten – Zeltleben – früher: großer See – alte Eichen mit Hängematte – Schatten nur für den Boss – tödlicher Biss der gelb gefleckten Eidechse – heute: Wüste, heiß – Wirkung eines Skorpionbisses – Campbewohner: Löcher graben – Gefahr durch Klapperschlangen, Eidechsen (tödlich) usw., arbeitsfrei nach Klapperschlangenbiss – 100 Jahre Camp Green Lake

4

Welche der folgenden Überschriften passt zu diesem Kapitel?

1. Die Tiere von Green Lake
2. Die Wüste von Green Lake
3. Das Leben im Camp Green Lake
4. Gefahren im Camp Green Lake

5

Schau dir die folgenden Textausschnitte an und fasse die Ausgangssituation des Romans „Löcher" mit wenigen Sätzen zusammen. Trage die Lösung ins Trainingsheft ein.

Jetzt fragt sich der Leser vermutlich: Aus welchem Grund sollte irgendjemand auf die Idee verfallen, nach Camp Green Lake zu kommen?
Die Antwort ist: Die meisten Bewohner hatten gar keine andere Wahl. Camp Green Lake ist eine Anstalt für schwere Jungs.
Nimm einen von ihnen und lass ihn Tag für Tag in brütender Hitze ein Loch graben, und du kannst sicher sein, dass ein guter Junge aus ihm wird. Jedenfalls glaubten das einige Leute.
Stanley Yelnats hatte sogar die freie Wahl. Der Richter sagte: „Du kannst es dir aussuchen – entweder du gehst ins Gefängnis oder du kommst nach Camp Green Lake."
Stanley kam aus einer armen Familie. Er war noch nie im Leben in einem Feriencamp gewesen. (S. 9)

Der Bus wurde langsamer. Ächzend reckte und streckte sich der Wachmann.
„Willkommen in Camp Green Lake", sagte der Fahrer.
Stanley schaute durch das schmutzige Fenster. Er sah überhaupt keinen See. Und grün war es eigentlich auch nirgends. (S. 16)

Louis Sachar (*1954), Löcher. Die Geheimnisse von Green Lake

6

Wähle aus den folgenden Textausschnitten diejenigen aus, die zu dieser Ausgangssituation passen und zur Haupthandlung gehören.

a) Stanley grinste. Das war so ein stehender Witz in seiner Familie. Wann immer irgendetwas schief ging, schoben sie die Schuld auf Stanleys Ururgroßvater, diesen elenden Tunichtgut und Schweinedieb.
Dieser Ururgroßvater, so hieß es, habe einmal einer Alten, der ein Fuß fehlte, ein Schwein gestohlen, weswegen sie ihn und alle seine Nachkommen verfluchte. (S. 12)

b) Sein Vater war schon seit einiger Zeit daran, ein Recyclingverfahren für alte Turnschuhe zu entwickeln, und nun fiel Stanley plötzlich ein Paar Turnschuhe auf den Kopf, scheinbar aus dem Nichts, wie ein Geschenk des Himmels.
Selbstverständlich konnte Stanley nicht wissen, dass die Schuhe „Sweet Feet" Livingston gehörten. Süß war an diesen Schuhen wirklich nichts. Wer immer sie getragen hatte, musste Fußschweiß der übelsten Sorte gehabt haben. (…)
Dann hatte ein Polizeiwagen neben ihm angehalten. Ein Polizist hatte ihn gefragt, wieso er so rannte. Dann hatte er ihm die Schuhe abgenommen und über Funk eine Nachfrage gestartet. Kurz darauf war Stanley festgenommen worden. (S. 32 f.)

c) Er stieg aus seinem Loch und fuhr mit den Fingern durch den Sand. Er fühlte etwas Hartes, Metallenes.
Er zog es heraus. Es war ein goldenes Röhrchen, etwa so lang und so breit wie der Zeigefinger seiner rechten Hand. Das Röhrchen war an einer Seite offen, an der anderen geschlossen. Er nahm ein paar Tropfen seines kostbaren Wassers, um es sauber zu wischen. (…) Er konnte die Umrisse eines Herzens erkennen, in dem die Buchstaben *K B* zu lesen waren. (…) Er überlegte, was er machen könnte, damit er es nicht X-Ray geben müsste. Er konnte es natürlich einfach behalten, aber das nützte ihm ja nichts. Er wollte einen freien Tag. (…)
X-Ray grinste. „Ganz schön clever, Höhlenmensch." Er ließ das Röhrchen in der großen Tasche an seinem dreckigen, orangeroten rechten Hosenbein verschwinden.
Stanley kehrte zu seinem Loch zurück.
Als der Wasserwagen kam, wollte Stanley wie immer seinen Platz am Ende der Reihe einnehmen, aber X-Ray sagte, er solle sich hinter Magnet stellen, vor Zero.
Stanley war einen Platz aufgestiegen. (S. 80–83)

d) „Nicht jeder Stanley Yelnats ist gescheitert“, betonte Stanleys Mutter gern, wenn Stanley und sein Vater so mutlos waren, dass sie tatsächlich anfingen zu glauben, dass an dem Fluch etwas dran sein musste. Der erste Stanley Yelnats, Stanelys Urgroßvater, hatte an der Börse ein Vermögen gemacht. „Da kann er ja wohl kaum so ein Pechvogel gewesen sein!“
Bei solchen Gelegenheiten vergaß sie gern zu erwähnen, welches Unglück den ersten Stanley Yelnats getroffen hatte: Er hatte nämlich sein ganzes Vermögen verloren, als er von New York nach Kalifornien zog. Die Kutsche, mit der er reiste, wurde von der berühmten Banditin Kissin’ Kate Barlow überfallen und ausgeraubt.
Wenn das nicht passiert wäre, dann lebte Stanleys Familie jetzt in Kalifornien in einer Villa am Strand. (S. 14 f.)

e) Er ging zu seinem Loch hinüber und sah zu seiner Überraschung, dass es fast fertig war. Er starrte völlig erstaunt hinein. Er verstand überhaupt nichts.
(…)
Zuletzt sah Stanley zu Zero hinüber, der die ganze Zeit, seit Stanley zurückgekommen war, ruhig an seinem Loch weitergegraben hatte. Zeros Loch war weniger tief als die anderen. (S. 121)

f) Zero nahm die Schaufel.
Er schwang sie wie einen Baseballschläger.
Das Metallblatt landete in Mr. Pendanskis Gesicht. Die Knie sackten ihm weg.
(…)
Zero ging immer weiter rückwärts, vorbei an den vielen Löchern, die die Jungen gegraben hatten, und dann immer weiter auf den See hinaus. (…)
Stanley suchte mit den Augen nach Zero, aber der war bereits im Dunst verschwunden. (S. 176 f.)

g) Drei Tage nach Sams Tod erschoss Miss Katherine den Sheriff, während er an seinem Schreibtisch saß und eine Tasse Kaffee trank. Anschließend schminkte sie sich sorgfältig die Lippen rot, bevor sie ihm den Kuss gab, um den er sie gebeten hatte.
Während der nächsten zwanzig Jahre war Kissin’ Kate Barlow eine der gefürchtetsten Banditinnen im ganzen amerikanischen Westen. (S. 148)

h) Er grub mit den Händen, bis er den ledernen Griff fühlen konnte, dann zog er den Koffer aus der Erde heraus. „Ich hab ihn!“, rief er.
Er war schwer. Stanley reichte ihn Zero nach oben.
„Du hast es wirklich geschafft!“, sagte Zero, als er ihm den Koffer abnahm.
„*Wir* haben es geschafft“, sagte Stanley. (S. 258)

Louis Sachar (*1954), Löcher. Die Geheimnisse von Green Lake

7

Vervollständige anhand dieser Textauszüge die Skizze der Haupthandlung.

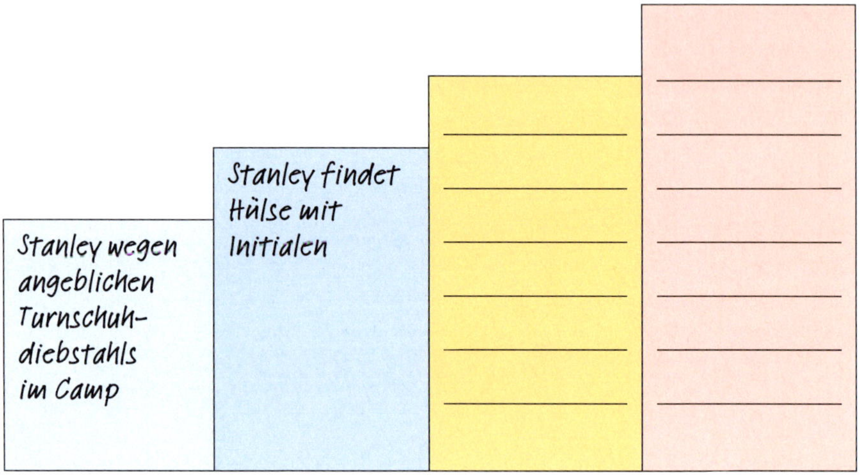

8

Die anderen Auszüge gehören zu den verschiedenen Vorgeschichten der Haupthandlung. Um wie viele Vorgeschichten handelt es sich? Gib jeder eine Überschrift.

9

Erläutere kurz, in welchem Zusammenhang die Vorgeschichten mit der Haupthandlung stehen.

10

Erst am Schluss der Romanerzählung werden die verschiedenen Vorgeschichten mit der Haupthandlung verwoben. Welche zusätzliche Bedeutung erhalten dabei die „Löcher“ als Buchtitel?

Folgende wichtige Zusammenhänge werden klar oder lassen sich jedenfalls erschließen:

Stanley Yelnats Freund Zero ist ein Nachfahre derjenigen Frau, der sein Ururgroßvater damals ein Versprechen schuldig geblieben ist. Wegen des uneingelösten Versprechens, Madame Zeroni auf einen Berg zu tragen, steht der Ururgroßvater in dem Ruf eines Schweinediebs und am Anfang des Familienfluchs. Ohne von dem Versprechen seines Vorfahren etwas zu wissen, löst Stanley dies seinem Freund Zero gegenüber ein: Er trägt ihn auf einen Berg und bannt so endlich den Familienfluch.

Am selben Tag erfindet Stanleys Vater ein Mittel gegen Fußgeruch. Es duftet wie die Pfirsichkonserven der Lehrerin und späteren Banditin Kate Barlow und verhilft dem Vater zum ersehnten Erfolg.

Stanley und Zero finden den Schatzkoffer, den Kate Barlow dem vermögenden Urgroßvater gestohlen hatte, und werden reich. Stanley kauft seiner Familie ein neues Haus mit einem Labor im Erdgeschoss. Zero beauftragt eine Detektei und findet seine Mutter.

Ms. Walkers, die Chefin des Camps, ist die Nachfahrin jener Familie, die damals die Lehrerin Kate Barlow wegen ihrer Liebe zu einem Schwarzen verfolgt und zur Kriminellen gemacht hatte. Mit Hilfe der Jungen im Camp versuchte sie, den Schatzkoffer des Urgroßvaters zu finden, und muss nun verarmt verschwinden.

9 Sachtexte lesen, untersuchen und bewerten

Um einen Sachtext, d.h. einen informativen Text in einer Zeitung, einem Sachbuch oder einem Lexikon zu verstehen, sind die folgenden Schritte erforderlich.

1. Du klärst die **Bedeutung schwieriger Begriffe** des Textes aus dem Zusammenhang oder mit Hilfe eines Wörterbuchs oder Lexikons.

2. Du formulierst **schwer verständliche Textstellen** mit deinen Worten um, indem du auch die Textumgebung dieser Stellen mit einbeziehst.

3. Du formulierst **Zwischenüberschriften** für die einzelnen Abschnitte des Textes.

4. Du markierst die **zentralen Informationen** des Textes (einzelne Wörter oder Formulierungen) und erläuterst den **Zusammenhang mit** der **Überschrift** oder formulierst evtl. eine neue passende Überschrift.

5. Auch **Grafiken** enthalten oft wichtige Informationen. Du untersuchst sie, indem du die Daten (z.B. Zahlen) mit vollständigen Sätzen erläuterst.

6. Wird eine Grafik durch einen Text erläutert oder kommentiert, untersuchst du die Gemeinsamkeiten und Unterschiede zwischen den Informationen der Grafik und denen des Textes.

7. Du fasst die **zentrale Aussage** des Textes und evtl. der Grafik mit wenigen Sätzen zusammen.

8. Du bewertest **Informationsgehalt** (genau oder zu allgemein?) und **Verständlichkeit** (klarer Aufbau oder ungeordnet?).

1

Lies den folgenden Zeitungsartikel.

Habe alles, bekomme mehr

Kinder leben in einer mit Marken vollgestopften Welt – und der Überfluss nimmt zu. Unternehmen benutzen vor allem die Eltern, um das Verhalten der künftigen Konsumenten zu prägen. (…)
Weil die Zahl der Konsumenten wegen der demografischen Entwicklung schrumpft wie nie zuvor, ist es für alle Unternehmen eine Frage des Überlebens, weniger Kindern mehr zu verkaufen. Marketingmanager dürfen nicht zimperlich sein.
Also geben sie Milliarden Euro aus, um sich im kindlichen Bewusstsein festzusetzen – wer Böses denkt, könnte es Verführung Minderjähriger und kollektiven Geschmacksdrill nennen. Deshalb verschweigen Ferrero und Haribo, Kraft Foods und andere auch lieber, wie viel sie für Kinderwerbung ausgeben. Offizielle Zahlen gibt es nicht, aber „die Werbeausgaben nehmen weiter zu“, sagt Axel Dammler, einer der bekanntesten Kinder- und Jugendmarktforscher vom Unternehmen iconkids & youth. Und mit den Werbeausgaben steigt auch der Werbedruck. Warum sollte es auch anders sein als in den USA? Dort steckten die Unternehmen im Jahr 2002 rund 15 Milliarden Dollar in Werbung für Kinderprodukte – mehr als je zuvor.
SMS-Werbung, Schulsponsoring, Internet-Kampagnen: Werbetreibende besetzen mit immer neuen Methoden auch das letzte Fleckchen kindlicher und jugendlicher Lebenswelt. Sie wollen präsent sein. Anlocken. Abverkaufen. (…)
In den Anfängen des gezielten Marketings schien alles machbar und ein Werber allmächtig. Der Amerikaner Clyde R. Miller schrieb 1946: Es „braucht seine Zeit, aber wenn Sie auf Dauer im Geschäft bleiben wollen, dann bedenken Sie, was es für Ihre Firma für Gewinn bedeuten kann, wenn Sie millionenfach Kinder abrichten können, aus denen Erwachsene werden, gedrillt, ihr Produkt zu kaufen, wie Soldaten gedrillt sind, sich in Bewegung zu setzen, wenn sie die Kommandoworte ‚Vorwärts, marsch!‘ hören.“ „Vorwärts, marsch!“ hieß es danach vor allem für Marktforscher, die geschickt wurden, um Kinderseele, Psyche und Befindlichkeit auszuspähen. (…)
Laut Statistischem Bundesamt eben Eltern bis zur Hälfte ihres

monatlichen Haushaltsnettoeinkommens für die Kinder aus – Miete und Möbel anteilig mitgerechnet. Je nach Einkommen und Kinderzahl summieren sich die Ausgaben auf 255 bis 865 Euro pro Heranwachsenden und Monat. (…)

Je älter die Kinder werden, umso mehr nimmt der Werbedruck zu, die Kampagnen richten sich jetzt direkt an sie und blenden die Eltern aus. Denn sobald Kinder das Wesen von Geld begreifen und damit den Zusammenhang von Bezahlen und Besitzen, erreichen sie in den Augen der Marketingmanager die nächste Stufe des Konsumentendaseins: Sie werden Käufer. Außerdem ist ihr Vermögen schon beträchtlich. Die 6- bis 13-Jährigen können jährlich 5,6 Milliarden Euro ausgeben, rechnet man Taschengeld, Sparguthaben und Geldgeschenke zusammen. Fast zwei Drittel von ihnen dürfen damit laut Kids-Verbraucheranalyse tun, was sie wollen. (…)

So werde Konsum zu einer wichtigen Quelle für den Selbstwert der Heranwachsenden, sagt der Soziologe und Pädagoge Klaus Hurrelmann von der Universität Bielefeld. Das ist nicht prinzipiell gefährlich. „Aber die Kindheit und noch mehr die Pubertät sind sehr kritische Phasen, in denen es wichtig ist, ein gesundes Selbstbewusstsein zu entwickeln.“ Konsumfixierung könne da zum vermeintlichen Ausweg werden, wenn Jugendliche „in finanziell bedrängten Verhältnissen aufwachsen, Familiendramen erleben oder in der Schule schlecht sind“. (…)

Wie viele letztlich auf der Suche nach Selbstwert konsumieren, ohne die Folgen zu bedenken, wie viele sich verschulden oder sogar Marken klauen – etwa von Schulkameraden –, weiß niemand. Das gilt nur für „eine kleine Minderheit, aber sie wächst“, urteilt Hurrelmann.

Am Ende spiegelt sich das Ergebnis von Erziehung und gewachsenem Werbedruck auch in dem wider, was Kinder und Jugendliche über ihre Umwelt denken: Mehr als 70 Prozent gehen laut der Studie *Bravo Faktor Jugend* inzwischen davon aus, dass Aussehen wichtiger wird als Charakter.

Und sie sagen, dass ihnen Mode in der eigenen Lebensgestaltung fast so viel bedeutet wie die eigene Familie.

Von Götz Hamann

http://hermes.zeit.de/pdf/archiv/2004/22/Kinder-Konsum.pdf

2

Welche Bedeutung haben die folgenden Begriffe des Textes?

a) Demografische Entwicklung (Zeile 8 – 9)

- ☐ Entwicklung der Werbemethoden
- ☐ Entwicklung der Bevölkerung
- ☐ Entwicklung der Werbegrafik

b) Marketingmanager (Zeile 12, 80)

- ☐ Manager einer Großbank
- ☐ Unternehmer
- ☐ Manager der Verkaufsabteilung eines Unternehmens

c) Schulsponsoring (Zeile 36)

- ☐ Werbung für Schüler
- ☐ finanzielle Unterstützung von Schulen durch Unternehmen
- ☐ Werbeplakate in der Nähe von Schulen

d) Konsumfixierung (Zeile 101)

- ☐ übertriebene Bedeutung des Konsums
- ☐ feste Ausgaben für den Konsum
- ☐ Festlegung auf bestimmte Konsumprodukte

e) Werbedruck (Zeile 29 – 30, 73, 117)

- ☐ Werbung in gedruckter Form
- ☐ Werbeausgaben eines Unternehmens
- ☐ Beeinflussung des Einzelnen durch Werbung

3

Welche Formulierung gibt jeweils Informationen des Textausschnitts wieder? Berücksichtige auch die Textumgebung der Ausschnitte.

a) Also geben sie Milliarden Euro aus, um sich im kindlichen Bewusstsein festzusetzen – wer Böses denkt, könnte es Verführung Minderjähriger und kollektiven Geschmacksdrill nennen. Deshalb verschweigen Ferrero und Haribo, Kraft Foods und andere auch lieber, wie viel sie für Kinderwerbung ausgeben. (Zeilen 14–22)

- ☐ Manche Firmen verschweigen die Höhe ihrer Werbeausgaben, weil sie eigentlich wirtschaftlich unsinnig sind.
- ☐ Manche Firmen verschweigen die Höhe ihrer Werbeausgaben, weil man ihnen sonst den Vorwurf machen könnte, Kinder zum Konsum zu verleiten.
- ☐ Manche Firmen verschweigen die Höhe ihrer Werbeausgaben, weil sie keinen Neid bei anderen Firmen erzeugen wollen.

b) Konsumfixierung könne da zum vermeintlichen Ausweg werden, wenn Jugendliche „in finanziell bedrängten Verhältnissen aufwachsen, Familiendramen erleben oder in der Schule schlecht sind“. (Zeilen 101–106)

- ☐ Gute Konsummöglichkeiten sind besonders in schwierigen Lebenssituationen wichtig.
- ☐ Übertriebener Konsum kann in schwierigen Lebenssituationen notwendig sein.
- ☐ Übertriebener Konsum ist eine riskante Verlockung, wenn Jugendliche in schwierigen Lebenssituationen aufwachsen.

4
Ordne die folgenden Zwischenüberschriften den passenden Abschnitten des Textes zu. Gib die Zeilen an und bring die Abschnitte in die richtige Reihenfolge.

Das Ziel der Werbung

Abschnitt ___ : Zeile ___ bis Zeile ___

Auswirkung der Werbung

Abschnitt ___ : Zeile ___ bis Zeile ___

Wirtschaftliche Bedeutung des Konsums von Kindern

Abschnitt ___ : Zeile ___ bis Zeile ___

Zunehmende Werbeausgaben

Abschnitt ___ : Zeile ___ bis Zeile ___

5
Fasse mit Hilfe der folgenden Stichworte wichtige Informationen des Textes mit deinen Worten zusammen.

sich im kindlichen Bewusstsein festzusetzen – die Werbeausgaben nehmen weiter zu – millionenfach Kinder abrichten – Kinderseele, Psyche und Befindlichkeit auszuspähen – bis zur Hälfte ihres monatlichen Haushaltsnettoeinkommens für Kinder – Vermögen schon beträchtlich – Konsum zu einer wichtigen Quelle für den Selbstwert – Aussehen wichtiger als Charakter

6
Hältst du die Überschrift „Habe alles, bekomme mehr“ für sinnvoll? Begründe deine Meinung im Trainingsheft und formuliere evtl. eine neue Überschrift.

7

Sieh dir zunächst nur die Grafik „Appetitmacher“ an und erläutere die folgenden Angaben der Grafik:

2,6 Mrd. Euro / 23 % / 4 % (Nährmittel)

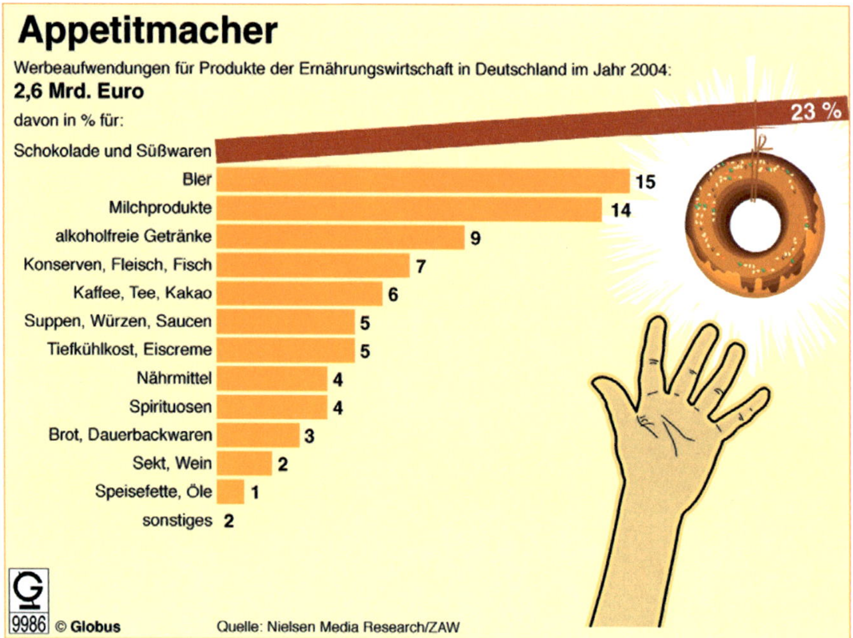

GLOBUS Infografik, Hamburg

Schokolade und Süßwaren

Oft entscheidet die Werbung, welches Produkt der Käufer aus der Fülle des Warenangebots in den Supermärkten auswählt. Im Jahr 2004 gab die deutsche Ernährungswirtschaft für Werbung rund 2,6 Mrd. Euro aus. Ein Drittel der Ausgaben entfiel auf Getränke. 23 Prozent der Gesamtinvestitionen, also den weitaus größten Anteil, machte wie schon in den Vorjahren die Werbung für Schokolade und Süßwaren aus. Es folgte die Werbung für Bier, für Milchprodukte (z. B. Joghurts) und für alkoholfreie Getränke.

8

Vergleiche nun die Angaben der Grafik „Appetitmacher" mit denen des Textes „Schokolade und Süßwaren". Worin unterscheiden sie sich?

Informationen der Grafik	Informationen des Textes

9

An welcher Stelle des Textes „Habe alles, bekomme mehr" könnte die Grafik platziert werden? Begründe deine Entscheidung.

10

Fasse nun die zentrale Aussage des Textes „Habe alles, bekomme mehr" und der Grafik „Appetitmacher" mit wenigen Sätzen in deinem Trainingsheft zusammen und bewerte Informationsgehalt (genau oder zu allgemein?) sowie Verständlichkeit (klarer Aufbau oder ungeordnet?).

Lösungen

Rechtschreibung

1 Groß- und Kleinschreibung

1.1 Nominalisierungen (Adverbien, Präpositionen, Konjunktionen, Interjektionen)

1

2. Huch 3. Ob / Wie 4. Drum / Dran 5. Aber 6. Wann 7. Allerdings 8. Warum 9. Vielleicht. 10. Nirgendwo

2

Lösungsvorschläge:

1. Dieses Fahrrad kostet mit allem **Drum** und **Dran** achthundert Euro.
   Wortart: **Adverb** – Begleiter: **mit allem**
2. Nach langer Diskussion über das **Wann** eines Fahrradurlaubs stand schließlich fest, dass es am ersten Ferientag losgehen sollte.
   Wortart: **Adverb** – Begleiter: **das**
3. Mit einem lauten **Bah/Igitt** schleuderte sie den faulen Apfel ins Gebüsch.
   Wortart: **Interjektion** – Begleiter: **mit einem lauten**
4. Als Sabine wieder in die Schule kam, wurde sie von allen mit fröhlichem **Hallo** begrüßt.
   Wortart: **Interjektion** – Begleiter: **mit fröhlichem**
5. In seinen Gefühlen gab es ein ständiges **Auf** und **Ab**.
   Wortart: **Präposition** – Begleiter: **ein ständiges**
6. Auch in schwierigen Situationen gibt es meist nicht nur ein **Entweder-oder**, sondern oft auch ein **Sowohl-als-auch**.
   Wortart: **Konjunktion / Konjunktion** – Begleiter: **ein / ein**
7. In schwierigen Situationen kann ich mich auf meinen Freund ohne **Wenn** und **Aber** verlassen.
   Wortart: **Konjunktion** – Begleiter: **ohne**
8. Als Sabine zum ersten Mal mit ihrer neuen Frisur in die Schule kam, hörte sie besonders von ihren Mitschülerinnen viele **Ahs** und **Ohs**.
   Wortart: **Interjektion** – Begleiter: **viele**
9. Kaum hatte der Lehrer die Klasse verlassen, da gab es nur noch ein einziges **Durcheinander**.
   Wortart: **Adverb** – Begleiter: **ein einziges**

10. Mein Vater schien zunächst mit allem einverstanden zu sein, dennoch wartete ich auf ein **Aber**.
    Wortart: **Konjunktion** – Begleiter: **ein**
11. Er konnte sich nie entscheiden, immer bekam man von ihm nur ein **Vielleicht** zu hören.
    Wortart: **Adverb** – Begleiter: **ein**

1.2 Zahlwörter

1

2. ein **viertel** Pfund – Regel: c) Maßangabe, getrennt geschrieben
3. mehrere **hundert** Artikel – Regel: a) Grundzahl unter einer Million
4. Jeder **hundertste** Kunde – Regel: b) Ordnungszahl, nicht nominalisiert
5. Die ersten **Hundert** – Regel: a) Grundzahl unter einer Million, nominalisiert
6. Alle **Übrigen** – Regel: d) nominalisiertes Zahladjektiv
7. **einzelne** Läufer – Regel: d) Zahladjektiv, nicht nominalisiert
8. der **Einzelne** – Regel: d) nominalisiertes Zahladjektiv
9. Viele **Tausende** – Regel: e) nicht bezifferbare Mengenangabe, nominalisiert
10. Eine **Million** Fans – Regel: a) Grundzahl größer als 999.999

2

1. Im Stadion warteten **Tausende/tausende** von Fußballfans auf den Anpfiff.
2. Jeder **tausendste** Besucher des Spiels bekam einen Fußball geschenkt.
3. Kein **Geringerer** als der Bundespräsident beglückwünschte die Gewinner.
4. Jeder **einzelne** Besucher wurde am Eingang auf Waffen oder harte Gegenstände untersucht.
5. Es bleibt jedem **Einzelnen** überlassen, ob er solche Gegenstände abgibt oder sie z. B. in seinem Auto zurücklässt.
6. Nur **einzelne** Besucher verzichten verärgert auf einen Besuch des Spiels.
7. Wenn mehr als 60 %, also etwa zwei **Drittel** der Sitzplätze verkauft werden, macht der Fußballverein Gewinn.
8. Der Verein verdient aber auch, wenn **Millionen** von Zuschauern das Spiel im Fernsehen verfolgen.
9. Jeder drückt natürlich nach dem Anpfiff nur der eigenen **Elf** die Daumen.
10. Diese **elf** Spieler müssen jetzt ihr Bestes geben, um ihre Fans nicht zu enttäuschen.

1.3 Sprach- und Farbbezeichnungen, Paarformeln

1

1. Er wartete an einer **roten** Ampel.
2. Bei **Rot** muss man warten.
3. Die meisten Trauergäste waren in **Schwarz** gekleidet.
4. Ein Zylinder ist eine **schwarze** Kopfbedeckung für besonders feierliche Anlässe.
5. Für die Übersetzung muss ich noch viele **englische** Vokabeln nachschlagen.
6. Er antwortete in fließendem **Englisch**.
7. Er scheiterte trotz großen Fleißes an **Chinesisch**.
8. Besonders schwierig waren die **chinesischen** Schriftzeichen.
9. Bei einem richtigen Volksfest feiern **Arm** und **Reich** gemeinsam.
10. Überall auf der Welt gibt es **arme** und **reiche** Leute.
11. Ein bekanntes Sprichwort behauptet, dass sich **Gleich** und **Gleich** gerne zueinander gesellen.
12. Sie besitzt den **gleichen** Charakter wie ihr Bruder.
13. Im neuen Bürgertreff lernen sich **alte** und **junge** Leute kennen.
14. Der Liebesfilm begeisterte **Alt** und **Jung**.
15. Familiensendungen wenden sich an **Groß** und **Klein**.
16. Das Rätselbuch begeistert **große** und **kleine** Leser.
17. Sein **Englisch** blieb immer besser als sein **Französisch**.

2

2. Den Brief an ihre Gastfamilie in Frankreich schrieb sie natürlich in **Französisch**.
3. Bei der Korrektur der Französischarbeit verbrauchte der Lehrer viel **rote** Tinte.
4. Viele **französische** Wörter waren nämlich falsch geschrieben.
5. Alle mussten lachen: Mit seiner witzigen Bemerkung über den seltsamen Nachbarn hatte er ins **Schwarze** getroffen.
6. Mit seinem eigenwilligen Verhalten galt er in seiner Familie als das **schwarze** Schaf.
7. Sie kann sich in Tokio sogar auf **Japanisch** verständigen.
8. Sie hat allerdings noch große Schwierigkeiten beim Entziffern der **japanischen** Schrift.
9. Glück ist für **Arm** und **Reich** unbezahlbar.
10. Über die Affen im Zoo lachen **Alt(e)** und **Jung(e)**.
11. Für das neue Elefantenhaus interessieren sich **alte** und **junge** Besucher.
12. Über einen großen Lottogewinn jubeln **arme** und **reiche** Leute.
13. Ihre Gastfamilie in London war überrascht über ihr gutes **Englisch** und ihre Kenntnis vieler **englischer** Fachausdrücke.

1.4 Denominalisierungen und andere knifflige Fälle

1

2. **L**aut 3. **T**eil 4. **t**eils **R**echt 5. **U**nrecht / **r**echt 6. **m**itten 7. **M**itte 8. **W**illen 9. **w**illens 10. **T**rotz 11. **t**rotz 12. **k**reuz / **q**uer 13. **K**reuz 14. **A**ngst 15. **a**ngst / **b**ange 16. **P**aar 17. **p**aar 18. **a**ngesichts 19. **A**ngesicht 20. **A**bend / **M**orgen 21. **a**bends / **m**orgens

2

Lösungsvorschläge:

1. Ich gehe **am Abend** gerne spät ins Bett.
2. Die Klassenfahrt war **zum Teil** sehr lustig, **zum Teil** aber auch langweilig.
3. Auf dieser Achterbahn **bekomme ich Angst**.
4. In der Zeitung war zu lesen, dass das Urteil des Gerichts **zu Recht** ergangen sei.

3

2. Diese Bäume sind **schuld** an meinem Schlafmangel. **(Adjektiv)**
3. Am **Morgen** singen die Vögel auf diesen Bäumen nämlich besonders laut.
4. Es findet ein regelrechter Singwettbewerb **statt**. **(Verbbestandteil)**
5. Das hat mir **anfangs** noch gefallen, aber jetzt geht es mir auf die Nerven. **(Adverb)**
6. Auch unsere beiden Kanarienvögel – ein ziemlich singfreudiges **Paar** – wachen **dank** des lauten Gesangs auf. **(Präposition)**
7. Ich bleibe aber **morgens** am liebsten stumm – ich bin nämlich schon **zeit** meines Lebens ein Morgenmuffel. **(Adverb/ Präposition)**
8. Ich gebe einfach keinen einzigen Gedanken **preis**. **(Verbbestandteil)**
9. Ich bin einfach nicht **willens**, richtig wach zu werden. **(Adjektiv)**
10. Ich bevorzuge **statt** vieler Worte, den Vögeln zuzuhören. **(Präposition)**
11. Ich möchte am liebsten noch nicht einmal jemandem ins **Gesicht** sehen.
12. Vielleicht bekomme ich noch einmal einen **Preis** für meine Schweigsamkeit.
13. Die Schüler in meiner **Klasse** finden mich **klasse**, weil meine Schweigsamkeit cool wirkt. **(Adjektiv)**
14. Meine Eltern aber sind **angesichts** meiner Schweigsamkeit schon ganz verzweifelt. **(Präposition)**
15. Sie geben mir daher die **Schuld** an ihrer schlechten Stimmung.
16. Ich könnte doch wenigstens mal ein **paar** Worte sagen. **(Unbestimmtes Zahlwort)**
17. Sie bezweifeln meinen guten **Willen**.

18. Vielleicht kommt mal eine **Zeit**, in der ich mich **morgens** wie ein Vogel fühle und singe. **(Adverb)**
19. Ich würde es **um** meiner Eltern **willen** wünschen. **(Präposition)**
20. Ihr **Dank** wäre mir dann sicher gewiss.
21. Vielleicht haben sie ja **Recht**.
22. Vielleicht sollte ich mal einen **Anfang** machen und wenigstens „Guten Morgen!" wünschen.

4

Lösungsvorschläge:

1. Er nimmt an dem Gesangswettbewerb nicht **teil**.
2. Ein großer **Teil** der Zuschauer bedauert dies sehr.
3. Wegen seiner Heiserkeit ist er nicht **im Stande/imstande** zu singen.
4. Er hat nämlich seit mehreren Tagen (**er** hatte sich beim Fahrradfahren zu dünn angezogen) eine starke Grippe.
5. Er kann nur **mit Hilfe/mithilfe** von Medikamenten das hohe Fieber senken.
6. Die Medikamente gehen aber auch **zu Lasten/zulasten** seines Kreislaufs – sie senken nämlich den Blutdruck.
7. Sein Papagei geht ihm mit seinem ständigen **„Wie** geht es uns denn?" auf die Nerven.
8. Dieser blöde Vogel ist **schuld**, dass er nicht einschlafen kann.
9. Ihm ist so elend **zu Mute/zumute**, dass er sein Bett am liebsten gar nicht verlassen würde.
10. Ohne kleine Besuche am Kühlschrank würde er aber **hungers** sterben und dazu ist er nicht **willens**.
11. Inzwischen muntert ihn der Papagei mit einem fröhlichen **„Wird** schon wieder!" auf.

Test

1

(1) klasse – adjektiviertes Nomen
(2) Klasse – Nomen
(3) Hunderttausende/hunderttausende – Zahlwort für nicht bezifferbare Menge
(4) Warum – Großschreibung nach Anführungszeichen
(5) wenige – Zahladjektiv, in der Regel kleingeschrieben

(6) Einzelnen – nominalisiertes Zahladjektiv
(7) Alt und Jung – Paarformel zur Bezeichnung mehrerer Personen
(8) Etwas – nominalisiertes Zahladjektiv
(9) einer – Kleinschreibung nach Gedankenstrich
(10) Für und Wider – nominalisierte Präpositionen
(11) einige – Zahladjektiv
(12) zweite – Ordnungszahl
(13) schuld – adjektiviertes Nomen mit „sein"
(14) Schuld – Nomen
(15) angesichts – Denominalisierung / Präposition
(16) bisschen – Denominalisierung / unbestimmtes Pronomen
(17) angst – adjektiviertes Nomen mit „werden"
(18) zu Lasten – Wortgruppe
(19) Für – Großschreibung nach Anführungszeichen
(20) Entweder-oder – Nominalisierte Konjunktion / Wortgruppe mit Bindestrich
(21) Sowohl-als-auch – Nominalisierte Konjunktion / Wortgruppe mit Bindestrich
(22) Übrigen – nominalisiertes Zahladjektiv
(23) Millionen – Zahlwert über 999.999
(24) abends – Denominalisierung / Adverb
(25) Viertelstunde – zusammengeschriebene Maßangabe
(26) paar – Denominalisierung / unbestimmtes Zahlwort
(27) Auf und Ab – nominalisierte Präpositionen
(28) Englisch – nominalisierte Sprachbezeichnung
(29) Einzelnen – nominalisiertes Zahladjektiv
(30) Eins – nominalisiertes Zahlwort
(31) viel – Zahladjektiv
(32) aufgrund – feste Zusammensetzung
(33) preis – Denominalisierung/Verbbestandteil
(34) zwei – Grundzahl
(35) einzige – Zahladjektiv

2 Zusammen- und Getrenntschreibung

2.1 Schwierige Fälle: Konjunktionen und Zahlen

1

1. irgendeiner 2. irgend so ein 3. irgendetwas 4. irgend so etwas 5. Irgendwann 6. Soweit 7. so weit 8. Nachdem 9. Nach dem 10. Sobald 11. so bald

2

Lösungsvorschläge:

1. Mein Patenonkel hat mir **irgend so eine** alte Geige zum Geburtstag geschenkt.
2. **Nachdem/Obwohl** ich mich zuerst gefreut habe, möchte ich dieses Geschenk jetzt am liebsten zurückgeben.
3. Ich muss nämlich jeden Tag üben, **so dass / sodass** ich die Geige gerne anzünden würde.
4. **Soweit** ich weiß, kann man Haltungsprobleme vom Geigenspielen bekommen.
5. **Nach dem** Üben habe ich immer einen steifen Hals.
6. **Sobald** ich **irgendwann** einmal ein berühmter Violinist bin, werde ich zur Belohnung in der ganzen Welt herumreisen.
7. Jedenfalls werde ich **so lange** mein Leben genießen, **solange** ich keine Konzerte geben muss.
8. Ich bin gespannt, ob ich **irgendwann** mal für meine Qualen belohnt werde.
9. **Obwohl** ich viel übe, wird das aber noch nicht **so bald** der Fall sein.
10. Ich frage mich manchmal, **ob wohl irgendjemand** mit mir tauschen möchte.

3

1. vierzig Millionen 2. neunhundertneunundneunzigtausend 3. jahrzehntelang / eintausend 4. hundertprozentigen 5. Tausendsassa 6. ein Viertelkilogramm / ein viertel Kilogramm 7. ein Zehntelgramm / ein zehntel Gramm 8. neunziger Jahren / Neunzigerjahren 9. Zehnmarkschein / Jahrzehnt

2.2 Bindestrich und Apostroph

1

2. Der Direktor des **Spaß-Abenteuer-Zirkus** begrüßt die Zuschauer.
3. Er preist sein Unternehmen als **Weltwunder** an.
4. Hier gelte nicht das Motto „Entweder Spannung oder Spaß", sondern immer ein **Sowohl-als-auch.**
5. Das Zirkusorchester mit seinen **grün-weißen** Uniformen bläst einen Marsch in **a-Moll**.
6. Ein **Dipl.-Biol.** möchte seinen Kindern als Experte für Raubtiere die Löwendressur erklären.
7. Als erstes zeigt er seinen Kleinen das **Alphatier**, dem sich alle anderen Raubkatzen unterordnen müssen.
8. Für wissenschaftlich besonders interessant hält er die **Löwen-Tiger-Dressur**.
9. Besonders bei den Hochseilartisten ist **hundertprozentige** Spannung garantiert.
10. Schließlich versprechen sie ja einen **zehnfachen / 10-fachen / 10fachen** Salto.
11. Beim Training haben sie alles bis auf den **i-Punkt** vorbereitet.
12. Durch das viele **Auf-dem-Kopf-Stehen** haben sie allerdings alle eine Glatze.
13. Das **Clown-Make-up** ist diesmal besonders lustig geraten.
14. Der Zauberer verspricht seinen weltberühmten **Kaninchentrick**.
15. Aus einem **Tee-Ei / Teeei** wolle er sämtliche Tiere hervorziehen.
16. Die Schlangenfrau verbeugt sich mit einer **s-förmigen** Schlangenbewegung.
17. Im **Zirkusrestaurant** essen viele Zuschauer ein leckeres chinesisches Gericht mit **süß-saurer** Sauce.
18. Leider ist das Essen nur noch **lauwarm**.
19. Die Kinder haben schon **x-mal** gebettelt, eine **Zirkus-DVD** am Ausgang kaufen zu dürfen.

2

2. Nach seinem langen Studium möchte Herr Schmitz in Briefen auf jeden Fall mit Herr **Univ.-Prof.** angeredet werden.
3. Ich habe dir schon **x-mal** gesagt, du sollst mich damit in Ruhe lassen.
4. Kein vernünftiger Mensch würde **100-prozentigen/hundertprozentigen** Alkohol trinken.
5. Familie Müller bereitet ihre Ferien immer bis auf den **i-Punkt** vor.
6. Der gefährlichste Teil der Rennstrecke besteht aus einer **S-Kurve**.

3

1. In dieser Tanzschule werden **Anfänger- und Fortgeschrittenenkurse** angeboten, bei denen oft neueste **Musik-CDs** abgespielt werden.
2. Die meisten Tänze dort sind Walzer und daher im **3/4-Takt**.
3. In dem Haus gibt es **die Tanz-, eine Akrobatik- und eine Sprachschule**.
4. Die Sprachschule nennt sich sogar **Johann-Wolfgang-von-Goethe-Schule** und betont damit ihren hohen literarischen Anspruch.
5. Ich wäre am liebsten **ein Tanz-, ein Zirkus- und ein Sprachgenie**.
6. Leider bin ich aber total, ja sogar **100-prozentig bewegungs-, lern- und denkfaul**.
7. Dieses Problem macht mich rasend und ist zum **In-die-Luft-Gehen**.

4

Lösungsvorschläge:

2. In einem **trocknen** warmen Zimmer **ist's** da doch am schönsten.
3. **Komm**, **setz** dich zu mir **aufs** Sofa!
4. Da sitzt **sich's** doch am bequemsten.
5. **Erzähl** mir doch bitte noch ein **Grimm'sches Märchen**.
6. Die **hör** ich viel lieber als die **Goethe'schen Gedichte**.
7. **Bleib** ganz ruhig, das Wetter wird bald wieder besser.
8. Vielleicht **gibt's** ja heut Nachmittag noch ein bisschen Sonne.

Test

1

Lösungsvorschläge:

2. Das letzte Mal war solch ein Fisch **irgendwann** in den **achtziger Jahren / Achtzigerjahren** gefangen worden.
3. Eigentlich wog der Fisch sogar noch **einhundertfünfundzwanzig Gramm**, also ein **viertel Pfund / Viertelpfund** mehr als 10 Pfund.
4. Begeistert begleiteten die Frösche im Teich die Pressekonferenz des Anglers mit einem **Dur-Konzert**.
5. Der Fisch war nicht nur besonders groß, sondern war auch **rot-blau** gestreift.
6. **Sobald** aber der Angler seinen Griff etwas lockerte, sprang der Fisch mitten unter die Journalisten.
7. Das Gesicht des Anglers wurde vor Aufregung **puterrot**.

8. Der Fisch sprang zielstrebig auf das **Anglervereins-WC** zu.
9. Der arme Angler hatte ein Gefühl zum **Aus-der-Haut-Fahren**.
10. Ein unbekannter Journalist hielt die ganze Szene mit einer **DVD-Kamera** fest.
11. Der arme Fisch sprang aber nur wegen einer **Magen-Darm-Grippe** so eilig zur Toilette.

2

1. Ich **find Auto-, Ski- und Fahrradrennen** ziemlich **blöd**.
2. Auch die **Schumacher'schen** Leistungen können mir nicht imponieren.
3. Ich **les** lieber **Böll'sche** Romane.
4. Am ehesten lässt **sich's** noch bei Schildkrötenrennen aushalten, weil ich dabei ganz ruhig **bleib** und einfach **weiterles**.
5. Schildkrötenrennen sind **Renn-, Denk- und Leistungssport** in einem und machen so wunderbar **müd**.
6. **Schau** dir doch mal so ein Rennen an und **sag** mir, wie **du's** findest.

Knifflige Fälle: Homophone 3

1

1. Mahl / Mal 2. war / wahr 3. denen / dehnen 4. Lehre / Leere 5. Lied / Lider 6. Feld / fällt 7. Gewähr / Gewehr 8. heute / Häute 9. Weise / Waise

2

1. Ehre / Ähre 2. Miene / Mine 3. läuten / Leuten 4. mehr / Meer 5. Wällen / Wellen 6. mahlen / malen 7. Wende / Wänden 8. Ställe / Stelle 9. Stiel / Stil 10. Wahl / Wal

3

1. **wider**lich 2. **wieder**um 3. wider 4. Zu**wider**handlungen 5. wieder 6. **wider**-spenstiger 7. **Wider**sacher 8. wieder / wieder 9. **wider**rechtlich 10. **wider**-sinnig 11. **wieder**holen / an**wider**n / **Wieder**lesen

Grammatik und Zeichensetzung

4 Wort- und Satzlehre

4.1 Das treffende Wort

1

Klassenfahrt:
denotativ: organisierte Gruppenfahrt, mehrtägige Reise einer Schulklasse, pädagogische Unternehmung.
konnotativ: Wanderungen, Schlafmangel, Bus fahren, Tischdienst, Streiche, Reisetasche, Aufsicht, Taschengeld, Viererzimmer, Spüldienst, Nachtruhe, Besichtigung, Bahnhof.

Star:
denotativ: berühmte Persönlichkeit, von den Massenmedien stark beachteter Mensch, Mensch mit hohem Bekanntheitsgrad.
konnotativ: Kino, Schlager, Jubel, Musik, Fans, Show, Konzert, Massenpublikum, Auffälligkeit, Bewunderung, Eintrittskarten, Verehrung, Kult, Auftritt, Zugabe.

2

2. Körper: **Haut** 3. Wort: **Sprache** 4. Freude: **lachen** 5. Oase: **Wüste**
6. Wüste: **Sand** 7. Bogen: **Pfeil** 8. Wolle: **Schaf**

3

Oberbegriff:	Musikinstrument		
Oberbegriffe:	Saiteninstrument	Tasteninstrument	Blasinstrument
Unterbegriffe:	Gitarre	Orgel	Jagdhorn
Unterbegriffe:	Geige	Keyboard	Flöte
Unterbegriffe:	Kontrabass	Klavier	Trompete

4

Lösungsvorschläge:
1. fliegen 2. b) hopsen c) hechten 3. Ablehnung 4. b) rasen c) flitzen
5. lesen 6. b) rätseln c) philosophieren

5

1. Abfall – Müll – ~~Verlust~~ – Unrat
2. Idee – Einfall – ~~Zufall~~ – Gedanke
3. Gefährte – Freund – Kamerad – ~~Mitglied~~
4. Kirche – ~~Religion~~ – Tempel – Moschee
5. Wolle – Zwirn – Garn – ~~Stoff~~
6. Pflock – Pfahl – ~~Stamm~~ – Pfosten
7. ~~Aussprache~~ – Ansprache – Rede – Vortrag
8. Sprung – Riss – Spalte – ~~Bruch~~
9. Schimmer – Glanz – ~~Strahlen~~ – Schein
10. Ozean – ~~Gewässer~~ – Meer – See
11. Rast – Unterbrechung – ~~Ruhe~~ – Pause
12. Schande – Schimpf – ~~Scheu~~ – Schmach

6

1. der Rasen / rasen 2. der Kunde / die Kunde 3. die Fallen / fallen 4. bar / die Bar 5. der Zug / der Zug 6. der Ball / der Ball 7. die Reifen / reifen 8. das Tor / das Tor

7

Lösungsvorschläge:

2. kontaktfreudig: **schüchtern** 3. Motivation: **Entmutigung** 4. plappern: **schweigen** 5. hell: **dunkel** 6. fasten: **schlemmen** 7. Hoffnung: **Verzweiflung** 8. Wirklichkeit: **Traum/Illusion** 9. Tage: **Nächte** 10. sich beeilen: **trödeln**

8

1. – d) – Wind **2. – g)** – Wasser **3. – f)** – Schlag **4. – i)** – Wasser **5. – j)** – Wasser **6. – l)** – Wind **7. – k)** – Wind **8. – c)** – Wasser **9. – h)** – Wind **10. – a)** – Wasser **11. – e)** – Wasser **12. – b)** – Mantel

9

1. den Vogel abschießen = **besonderen Erfolg haben** (meist ironisch gemeint)
2. den Faden verlieren = **vom Thema abweichen**
3. aus dem Rahmen fallen = **außergewöhnlich sein**
4. Gold in der Kehle haben = **sehr gut singen können**
5. jemandem auf den Zahn fühlen = **bei jemandem kritisch nachfragen**

4.2 Relativsatz und Partizipialattribut

1

2. Er spielt am liebsten ein Computerspiel, **dessen** Regeln immer wieder neu festgelegt werden können. – Relativpronomen: **Genitivattribut**
3. Der alte Computer, **der** den modernen Computerspielen nicht mehr gewachsen war, wurde zum Elektroschrott geworfen. – Relativpronomen: **Subjekt**
4. Eine Tastatur, **auf der** die Buchstaben und Ziffern kaum noch zu erkennen sind, ist der Stolz jedes Computerfans. – Relativpronomen: **adverbiale Bestimmung**
5. Ein kräftiges Brummen, **dem** bald ein lautes Krächzen folgte, zeigte an, dass mein Computer den Geist aufgab. – Relativpronomen: **Dativobjekt**
6. Nach dem Ballerspiel, **das** er sich gerade erst gekauft hatte, träumte er schlecht und tauschte es daher gegen ein Strategiespiel ein. – Relativpronomen: **Akkusativobjekt**
7. Die ganze Klasse beteiligte sich an der Entwicklung einer Software, **mit der** sich die Matheaufgaben leicht lösen ließen. – Relativpronomen: **adverbiale Bestimmung**
8. Der Klassensprecher nahm endlich den Softwarepreis entgegen, **auf den** die ganze Klasse seit Monaten hingearbeitet hatte. – Relativpronomen: **präpositionales Objekt**
9. Dieser Preis, **der** vom Minister persönlich überreicht wurde, ermöglichte der gesamten Klasse eine Reise zum Silicon Valley, dem Sitz vieler großer Softwarefirmen. – Relativpronomen: **Subjekt**

2

Lösungsvorschläge:

2. Schon das Proben hatte allen Schülern, die zum ersten Mal auf der Bühne standen, viel Spaß gemacht.
3. Die Zuschauer, unter denen auch Vertreter von Presse, Rundfunk und Fernsehen waren, applaudierten minutenlang.
4. In dem Stück ging es vordergründig um eine Liebesgeschichte, die sehr dramatisch, oft aber auch lustig war.
5. Plötzlich gab es mitten in der Liebesgeschichte einen rätselhaften Mord, durch den das Stück zu einem Kriminalstück wurde.
6. Die beiden Verliebten wurden nun zu Detektiven, deren ganze Aufmerksamkeit jetzt der Aufklärung des Verbrechens galt.
7. Ganz am Schluss kam dann die große Überraschung, mit der niemand gerechnet hatte.
8. Der Mord entpuppte sich als ein genial geplanter Bluff, der von den Klassenkameraden heimlich vorbereitet worden war.

9. Der „Ermordete", der für seine „Ermordung" allerdings sehr überzeugend geschminkt worden war, war in Wahrheit quicklebendig.
10. In den Zeitungen wurde das Theaterstück, das eigentlich ein Theaterstück über ein Theaterstück war, sehr gelobt.

3

2. Eine ihre Welpen säugende Hündin sollte man nicht stören. – **Partizip I**
3. Der alte Dackel fand den von ihm sorgfältig vergrabenen Knochen nicht mehr wieder. – **Partizip II**
4. Die alte Dame wurde durch einen plötzlich aus einem Gebüsch hervorspringenden Hund furchtbar erschreckt. – **Partizip I**
5. Der Tierarzt behandelt den am rechten Hinterlauf verletzten Terrier. – **Partizip II**
6. Jeden Fremden laut anbellende Hunde können auch beißen. – **Partizip I**

4

2. Eine Hündin**, die ihre Welpen säugt,** sollte man nicht stören.
3. Der alte Dackel fand den Knochen**, der von ihm sorgfältig vergraben worden war,** nicht mehr wieder.
4. Die alte Dame wurde durch einen Hund**, der plötzlich aus dem Gebüsch hervorsprang,** furchtbar erschreckt.
5. Der Tierarzt behandelt den Terrier**, der am rechten Hinterlauf verletzt (worden) war**.
6. Hunde**, die jeden Fremden laut anbellen,** können auch beißen.

Test

1

Folgende Aussagen sind richtig und müssen angekreuzt sein:

1. Die Denotation eines Wortes findet man im Wörterbuch.
3. Das Wort „Luftballon" gehört zur Konnotation des Wortes „Geburtstag".
4. Das Wort „Fußballmeisterschaft" gehört zur Konnotation des Wortes „Spannung".
6. Das Wort „Spannung" gehört zur Denotation des Wortes „Nervosität".
8. Zu einem Oberbegriff gehören mehrere Unterbegriffe.
10. Das Wort „Sportart" ist der Oberbegriff zum Wort „Fußballspiel".
14. „Liebe", „Verehrung" und „Gehorsam" gehören zu unterschiedlichen Wortfeldern.
18. Homonyme werden zwar gleich geschrieben, besitzen aber unterschiedliche Bedeutungen.

20. Antonyme sind Wörter mit entgegen gesetzten Bedeutungen.
21. „Bank" mit der Bedeutung „Geldinstitut" und „Bank" mit der Bedeutung „Sitzgelegenheit" sind Homonyme.
22. „Geldinstitut" und „Bank" sind Synonyme.
24. „Freude" und „Trauer" sind Antonyme.
27. Manche Wörter haben neben einer wörtlichen auch eine figurative Bedeutung.
28. Die figurative Bedeutung eines Wortes findet man im Wörterbuch.
29. Die figurative Bedeutung des Wortes „Ferkel" ist „unsauberer Mensch".

2

Lösungsvorschläge:

2.–b) Herr S. ist für seinen Beruf, **der** für ihn seinen ganzen Lebensinhalt darstellt, in der ganzen Welt unterwegs.

3.–a) Besonders begeisterte ihn seine Idee des Flaschenweitwurfs, **für die** er die Glasindustrie zu begeistern suchte.

4.–m) Mit seiner Idee eines Schwimmwettbewerbs für Nichtschwimmer, **bei dem** alle Wettkämpfer mit Rettungsringen ausgestattet wurden, wurde er weltberühmt.

5.–g) Auch die Disziplin des Stabhochsprungs für Dicke, **bei dem** diese unter dem Gejohle der Zuschauer in ein riesiges Daunenbett plumpsten, fand viele Fans.

6.–d) Er erfand einmal die Disziplin des Holzschuhsprints, **bei dem** sowohl die Wettkämpfer als auch die Zuschauer sich totlachten.

7.–f) Ihm fiel sogar eine neue Variante des Hürdenlaufs ein, **die** bisher noch von niemandem entdeckt worden war.

8.–e) Dabei müssen die Wettkämpfer unter den Hürden, **die** natürlich besonders niedrig konstruiert sind, hindurchkrabbeln.

9.–h) Sehr beliebt bei vielen Fans, **die** ständig mit Herrn S. um die Welt reisen, ist auch eine neue Form des Fußballspiels.

10.–j) Der Ball, **mit dem** bisher immer nur fantasielos auf Tore gezielt wurde, muss dabei möglichst oft und möglichst weit auf die Zuschauertribünen geschossen werden.

11.–l) Auch das Kugelstoßen, **das** früher nur wenige Zuschauer anlockte, hat er völlig neu erfunden.

12.–i) Jetzt muss die Kugel vom Sportler, **der** dazu am besten hoch in die Luft springt, nicht mehr möglichst weit gestoßen, sondern möglichst tief in die Erde versenkt werden.

13.–k) Das größte Problem von Herrn S. ist die Entdeckung einer seriösen Sportart, **über die** niemand mehr lachen kann.

3

2. Herr S. ist für seinen für ihn seinen ganzen Lebensinhalt darstellenden Beruf in der ganzen Welt unterwegs.
3. Ihm fiel sogar eine neue bisher noch von niemandem entdeckte Variante des Hürdenlaufs ein.
4. Dabei müssen die Wettkämpfer unter den natürlich besonders niedrig konstruierten Hürden hindurchkrabbeln.
5. Sehr beliebt bei vielen ständig mit Herrn S. um die Welt reisenden Fans ist auch eine neue Form des Fußballspiels.
6. Auch das früher nur wenige Zuschauer anlockende Kugelstoßen hat er völlig neu erfunden.
7. Jetzt muss die Kugel vom dazu am besten hoch in die Luft springenden Sportler nicht mehr möglichst weit gestoßen, sondern möglichst tief in die Erde versenkt werden.

Gedankenstrich und Klammer 5

1

2. Dies ist die spannendste Kriminalgeschichte meines Lebens – ein richtiges Meisterwerk der Spannung. **b) Nachtrag**
3. Hast du schon diesen Krimi gelesen? – Mensch, hörst du auch dieses seltsame Geräusch aus dem Keller? **c) Themen-/Sprecherwechsel**
4. Vielen Dank noch mal für dieses Buch – endlich mal ein richtig guter Krimi! **b) Nachtrag**
5. „Vielen Dank noch mal für dieses Buch!" – „Ich hoffe, es gefällt dir." **c) Themen-/Sprecherwechsel**
6. „Hilfe, Hilfe – meine Mutter hat mir meinen Krimi geklaut!" **e) Überraschung**
7. Am Schluss findet der Kommissar überraschenderweise – keinen Täter. **e) Überraschung**
8. Der alte Herr Bond – er ist mit mir zusammen im Club der Krimifreunde – hat mir diesen tollen Krimi geschenkt. **a) Einschub**
9. „Ja, das ist doch wohl –! Da kommt ja der berühmte Krimiautor!" **d) Rede-/Gedankenabbruch**
10. „Verflucht, habe ich etwa –? Ach, da liegt ja mein Buch!" **d) Rede-/Gedankenabbruch**

2

2. Ich habe wahrhaftig eine Insel (eine richtige Insel mit Strand und Palmen und Papageien) in einem Preisausschreiben gewonnen.
3. Ich habe doch wahrhaftig (du wirst es mir sicher nicht glauben) eine Insel gewonnen.
4. Ich werde sie dir morgen (bist du dann überhaupt in der Schule?) auf einer Karte zeigen.
5. Ich werde jetzt alle meine Freunde anrufen (ich habe eine ganze Menge), um sie zu einer Inselparty einzuladen.
6. Ich habe eine ganz tolle Insel in einem Preisausschreiben gewonnen. (Davon habe ich jedenfalls letzte Nacht geträumt.)

3

Lösungsvorschläge:

2. Der neue Lateinlehrer reitet auf einem Esel zur Schule. (Das ist ja wohl die Sensation.)
3. Der neue Lateinlehrer reitet auf einem Esel – ein kleiner brauner mit riesigen Ohren – / (ein kleiner brauner mit riesigen Ohren) zur Schule.
4. Der neue Lateinlehrer reitet auf einem Esel zur Schule – eine wirklich revolutionäre Art der Fortbewegung.
5. Der neue Lateinlehrer reitet auf einem Esel zur Schule – und nimmt ihn auch mit ins Lehrerzimmer.
6. „Mensch, das ist ja –! Der neue Lateinlehrer reitet auf einem Esel zur Schule!"
7. „Der neue Lateinlehrer reitet auf einem Esel zur Schule!" – „Hab ich doch schon längst gesehen."
8. „Der neue Lateinlehrer reitet auf einem Esel zur Schule! – Kann ich mal deinen Fotoapparat haben?"
9. Der neue Lateinlehrer reitet auf einem Esel zur Schule. (Er muss eine verlorene Wette einlösen.)
10. Der neue Lateinlehrer reitet – wenn man so etwas reiten nennen kann – auf einem Esel zur Schule.
11. Der neue Lateinlehrer reitet auf einem Esel zur Schule – eigentlich typisch für ihn.
12. Der neue Lateinlehrer reitet auf einem Esel zur Schule. (Wo er sich den wohl ausgeliehen hat?)
13. Der neue Lateinlehrer – der alte Lateinlehrer hätte so etwas nie gemacht – / (der alte Lateinlehrer hätte so etwas nie gemacht) reitet auf einem Esel zur Schule.
14. Der neue Lateinlehrer reitet auf einem Esel zur Schule (ein toller Gag), ohne herunterzufallen.

Texte schreiben und lesen

Referate schreiben 6

6.1 Vorbereitungen für ein Kurzreferat (Informationen beschaffen und ordnen)

1

Zum Thema gehören:

a) Informiert über die Verbreitung des Rauchens in der Gesellschaft, die Inhaltsstoffe einer Zigarette und die damit verbundenen gesundheitlichen Risiken.
b) Informiert über die Ursachen des Rauchens in der Gesellschaft und die gesundheitlichen Risiken.
c) Informiert über die Wirkung des Nikotins auf den Körper und die damit verbundenen gesundheitlichen Risiken.
e) Informiert über die Inhaltsstoffe von Zigarettenrauch und deren gesundheitliche Auswirkungen.
f) Informiert über die Wirkung des Rauchens auf den Körper und dessen Leistungsfähigkeit.
g) Informiert über die Verbreitung des Rauchens im Vergleich zu anderen Süchten in Deutschland.
h) Informiert über die durch das Rauchen verursachten Krankheitskosten.
i) Informiert über die Ursachen des Rauchens besonders in der gesellschaftlichen Gruppe der Jugendlichen.
j) Informiert über eine wichtige Ursache der gesellschaftlichen Verbreitung des Rauchens: die Tabakwerbung.

Nicht zum Thema gehört:

d) Informiert über eine Behandlungsmethode, um sich von der Nikotinsucht zu befreien, aber nicht über das Rauchen als gesellschaftlich verbreitetes Gesundheitsproblem.

2

Lösungsvorschläge:

Karte a): 16,7 Millionen Raucher; rund 140 Milliarden Zigaretten, 13,1 Mill. Nikotinsüchtige in Deutschland

Karte b): Unsicherheiten, Einsamkeitsgefühl oder Langeweile, schlechtes Vorbild von Eltern und Freunden, massive Werbung, frühe Sucht

Karte c): Nikotin = Gift für Gefäß- und Nervensystem, Teerstoffe, Kohlenstoffmonoxid und über 1000 weitere chemische Substanzen, 200 schädliche Stoffe, 40 krebserregende Stoffe
Karte d): Arterienverkalkung, Gefäßschäden, Durchblutungsstörungen, körperlicher Leistungsabfall, Erhöhung des Risikos für Herzinfarkt und Lungenkrebs (90% Raucher), Kehlkopfkrebs, Bronchialkrebs, chronische Bronchitis und die Schädigung des Ungeborenen (durch Rauchen während der Schwangerschaft), chronische Lungenerkrankung; 13,1 Mill. Nikotinsüchtige in Deutschland, jährlich 110.000–140.000 Todesfälle
Karte e): Kohlenstoffmonoxid = schlechtere körperliche Leistungsfähigkeit von Rauchern, Verschlechterung des Sauerstofftransports; Beschleunigung der Herztätigkeit durch Nikotin, Verengung der Blutgefäße, Steigerung des Blutdrucks, Ablagerung schädlicher Stoffe in Rachen, Luftröhre, Bronchien und Lungenbläschen
Karte f): 82% der Raucher schon als Jugendliche geraucht, Ausgaben der 15- bis 24-jährigen Raucher: ca. 22 Milliarden Euro, Gefühl des Erwachsenseins, in Wirklichkeit: frühe Sucht, Werbung für „Rauchernachwuchs"
Karte g): Behandlungskosten der chronischen Bronchitis 1998: 1,65 Milliarden Euro, weitere Kosten: Lungenkrebs 0,7 Milliarden Euro, Herzinfarkte 2,9 Milliarden Euro, Schlaganfälle 12,2 Milliarden Euro (häufige Rauchererkrankungen)

3

Geeignete Zwischenüberschriften:

2) Inhaltsstoffe einer Zigarette: passt zu Stichworten unter Karte c).
4) Ursachen des Rauchens: passt zur Stichworten unter Karte b).
5) Krankheitskosten durch Rauchen: passt zu Stichworten unter Karte g).
7) Verbreitung des Tabakkonsums: passt zu Stichworten unter Karte a).
8) Gesundheitsschäden durch Rauchen: passt zu Stichworten unter Karte d).
10) Auswirkung des Rauchens auf den Körper: passt zu Stichworten unter Karte e).
13) Jugendliche Raucher: passt zu Stichworten unter Karte f).

4

Lösungsvorschlag:

1. Verbreitung des Tabakkonsums
2. Jugendliche Raucher
3. Ursachen des Rauchens
4. Inhaltsstoffe einer Zigarette
5. Auswirkung des Rauchens auf den Körper
6. Gesundheitsschäden durch Rauchen
7. Krankheitskosten durch Rauchen

6.2 Der Vortrag eines Kurzreferats

1

Geeignete Überschriften sind:

2. Genuss oder Selbstmord auf Raten?
4. Gefährlicher Qualm
8. Rauchen – die Gesundheitskatastrophe?
11. Macht Rauchen unsere Gesellschaft krank?

2

Lösungsvorschläge:

a) Vielleicht wissen es viele Raucher noch nicht, aber eigentlich sind ihre Zigaretten Suchtmittel, das Nikotin ist ein Nervengift. Auch viele weitere Eigenschaften des Zigarettenrauchs verursachen Gesundheits- oder besser Krankheitskosten in Milliardenhöhe. Daher möchte ich in meinem Referat genauer untersuchen, ob das Rauchen eine Gesundheitskatastrophe in unserer Gesellschaft bewirkt.

b) Wir alle kennen die Diskussionen über das Rauchverbot in Gaststätten. Ist die Luft in einer verrauchten Gaststätte nicht genauso schlecht wie die auf einer viel befahrenen Straße? Diese Frage ist inzwischen auch zu einer wichtigen politischen Frage geworden. Daher habe ich mich für ein Referat über das Rauchen entschieden und möchte genauer untersuchen, ob das Rauchen unsere Gesellschaft krank macht.

c) Die fünfzehnjährige Jana hat ein Problem: Immer mehr ihrer Freundinnen rauchen, die Luft in der Disco wird immer dicker. Jana grübelt, ob sie als Nichtraucherin inzwischen schon zur Außenseiterin geworden ist. Weil Janas Problem kein Einzelfall ist, möchte ich in diesem Referat der Frage nachgehen: Ist Rauchen Genuss oder Selbstmord auf Raten?

3

1. Referatabschnitt: Verbreitung des Tabakkonsums: b), c)
2. Referatabschnitt: Jugendliche Raucher: d), f)
3. Referatabschnitt: Ursachen des Rauchens: f)
4. Referatabschnitt: Inhaltsstoffe einer Zigarette: a)
5. Referatabschnitt: Auswirkung des Rauchens auf den Körper: f)
6. Referatabschnitt: Gesundheitsschäden durch Rauchen: b)
7. Referatabschnitt: Krankheitskosten durch Rauchen: e)

4

Lösungsvorschläge:

Überleitungen zum jeweils nächsten Referatabschnitt:

Einleitung: „ …Haben die Kampagnen gegen das Rauchen wirklich schon den gewünschten Erfolg? Werden die Raucher bald zu einer Minderheit und kommt das Rauchen aus der Mode?“

1. Referatabschnitt: Verbreitung des Tabakkonsums: „ … In diesem Zusammenhang fragt ihr euch sicher, ob das dünnere Portemonnaie von Jugendlichen als Rauchbremse funktioniert, ob also Jugendliche deutlich weniger rauchen als Erwachsene.“

2. Referatabschnitt: Jugendliche Raucher: „ … Warum rauchen immer noch so viele junge und erwachsene Menschen, obwohl sie das Risiko für ihre Gesundheit genau kennen?“

3. Referatabschnitt: Ursachen des Rauchens: „ … Ist Zigarettenrauch nur ein bisschen blauer Dunst oder stecken Inhaltsstoffe im Zigarettenrauch, die es in sich haben?“

4. Referatabschnitt: Inhaltsstoffe einer Zigarette: „ … Wie genau wirkt dieser Giftmix auf unseren Körper?“

5. Referatabschnitt: Auswirkung des Rauchens auf den Körper: „ … Im nächsten Teil meines Referats wird deutlich, dass Rauchen nicht nur zum Schnaufen beim Treppensteigen führt.“

6. Referatabschnitt: Gesundheitsschäden durch Rauchen: „ … Bleibt als letztes die Frage, ob eigentlich das Rauchen nur am Automaten Geld kostet und immer teurer wird?“

7. Referatabschnitt: Krankheitskosten durch Rauchen: —

5

Lösungsvorschlag:

Wir haben gesehen, dass der Zigarettenrauch ein gefährlicher Giftmix mit ca. 1.000 chemischen Substanzen und kein harmloser blauer Dunst ist. Die körperliche Leistungsfähigkeit wird eingeschränkt, chronische oder auch tödliche Erkrankungen werden dadurch in großer Zahl verursacht. Nikotinsucht ist eine Krankheit von Millionen Menschen in Deutschland.

Ich bin daher der Meinung, dass Zigaretten keine Genussmittel, sondern die Ursache von Krankheiten sind. Das Rauchen sollte daher in allen Restaurants und öffentlichen Gebäuden verboten werden.

Alle jugendlichen Raucher sollten sich fragen, ob Rauchen wirklich Erwachsensein bedeutet. Jeder Raucher – egal ob jung oder erwachsen – sollte sich darüber im Klaren sein, dass der Spaß oder Genuss von heute oft zu schlimmen Folgen in der Zukunft führt.

6

Lösungsvorschläge:

1. Verbreitung des Tabakkonsums

In Deutschland gibt es etwa 16,7 Millionen Raucher. Hinzu kommen auch noch die vielen Passivraucher in Gaststätten und Diskotheken.

2. Jugendliche Raucher

82% aller Raucher haben schon als Jugendliche geraucht. In der Jugend entscheidet sich also für die meisten Menschen, ob sie zu erwachsenen Rauchern werden. Wesentliche Gründe für das Rauchen von Jugendlichen sind die fehlenden Übergangsriten von der Jugend zum Erwachsensein und die Werbung. Durch das Rauchen versuchen Jugendliche sich und anderen zu beweisen, dass sie schon „richtige Erwachsene" sind.

3. Ursachen des Rauchens

Durch das Rauchen versuchen viele Menschen Einsamkeit, Langeweile und Unsicherheit auszugleichen. Hinzu kommt, dass Nikotin schon früh süchtig macht und man daher nicht mehr ohne weiteres vom Rauchen wegkommt.

4. Inhaltsstoffe einer Zigarette

Im Rauch einer Zigarette sind etwa 1.000 chemische Substanzen enthalten. Darunter die schädlichen Stoffe Nikotin, verschiedene Teerstoffe und Kohlenmonoxid.

5. Auswirkung des Rauchens auf den Körper

Rauchen führt schon recht bald zu Durchblutungsstörungen, einer verminderten Sauerstoffversorgung des Körpers und dadurch zum Leistungsabfall.

6. Gesundheitsschäden durch Rauchen

75% aller Erkrankungen an chronischer Bronchitis und 90% aller Lungenkrebserkrankungen und andere Krebsarten werden durch Rauchen verursacht. Jährlich sterben an den Folgen 120.000 Menschen, alleine 3.300 durch Passivrauchen.

7. Krankheitskosten durch Rauchen

Die Gesamtkosten der durch Rauchen verursachten Schäden belaufen sich auf etwa 40 Milliarden Euro, davon entfallen 20 Milliarden Euro auf die medizinische Behandlung.

7

Lösungsvorschlag:

Rauchen führt zu Arterienverkalkung, Gefäßschäden, Durchblutungsstörungen sowie zu einer Verschlechterung der Sauerstoffversorgung des Körpers. Dadurch kommt es zum körperlichen Leistungsabfall. Das Risiko für Herzinfarkt, chronische Lungenerkrankungen (Bronchitis) und verschiedene Krebsarten (Lungenkrebs, Bronchialkrebs, Kehlkopfkrebs) erhöht sich deutlich: 90% aller Lungenkrebserkrankungen und 75% aller Fälle von chronischer Bronchitis werden durch Rauchen

verursacht. Jährlich sterben etwa 120.000 Menschen an den Folgen des Rauchens und etwa 3.300 an den Folgen des Passivrauchens.
Rauchen während der Schwangerschaft kann zudem zur Schädigung des Ungeborenen führen.
Bleibt als letztes die Frage, ob eigentlich das Rauchen nur am Automaten Geld kostet und immer teurer wird?

Test

2

a) und b)

Lösungsvorschläge:

1. Referatabschnitt: Der natürliche Treibhauseffekt

Wasserdampf und Spurengase (Kohlendioxid, Distickstoffoxid, Methan, Ozon) bewirken Treibhauseffekt: lassen Wärmestrahlen auf die Erde, aber verhindern die Abgabe; dadurch mittlere Erdtemperatur 15 Grad, ohne Treibhauseffekt: 33 Grad kälter = –18 Grad, d.h. kein Leben möglich

Quelle: Text a)

2. Referatabschnitt: Der vom Menschen verursachte (anthropogene) Treibhauseffekt

Treibhausgase Kohlendioxid durch Verbrennung, Methan durch Tierhaltung, Düngung, Wasserdampf durch zunehmende Erwärmung, Ozon und Fluorchlorkohlenwasserstoffe aus Sprühdosen, Kühlschränken etc. freigesetzt, Hauptanteil am Treibhauseffekt: Kohlendioxid (64 %), Methan (20 %), Folge: Abstrahlung von Sonnenwärme behindert, kontinuierlicher Anstieg der Erdtemperatur

Quelle: Grafik g)

3. Referatabschnitt: Die Klimaveränderung durch den anthropogenen Treibhauseffekt

1900 – 2000: durchschnittliche Erwärmung um 0,7 Grad, seit 1980 um ca. 0,3 Grad, Verschiebung der Klimazonen und Windgürtel durch Anstieg der Ozeantemperatur

Quellen: Text c) und Grafik f)

4. Referatabschnitt: Die Folgen der Klimaänderung

a) Schmelzen der Polkappen und Gletscher → Anstieg des Meeresspiegels → Überflutung von Küstenregionen

Quellen: Text c) und Grafik g)

b) Zunahme extremer Wetterereignisse (Stürme, Hochwasser, Hitzeperioden), seit 1960: 2 x – 3 x mehr, 6 x höherer volkswirtschaftlicher Schaden, Beispiel Sommer 2003: 7000 Hitzetote (6613 Tote durch Verkehrsunfälle)

Quellen: Text e) und d)

c) Veränderung der Landwirtschaft (Deutschland: Weinanbau n. Norden), Ausbreitung von Dürregebieten, Zunahme der Bodenerosion
d) Artensterben (Korallenriffe) und -ausbreitung (tropische Insekten/Malaria) in bisher nicht betroffenen Gebieten (Südeuropa)
Quelle: Text e)

3

Lösungsvorschläge:

Thema

- Wird die Erde zum Kochtopf?
- Wie wir unsere Erde aufheizen
- Kommt Afrika nach Deutschland?
- Hat die Klimakatastrophe schon begonnen?

Einleitung

Jeder von uns kennt sicherlich Gewächshäuser aus Glas, in denen junge Pflanzen herangezogen werden: Tomaten, Paprika und viele andere Pflanzen wachsen dort – und zwar wesentlich besser als außerhalb des Gewächshauses. Solche Gewächshäuser werden auch Treibhäuser genannt. Viele kennen vielleicht auch den Ausdruck „eine Luft wie im Treibhaus". Dies meint sehr warme und feuchte Luft.

4

Lösungsvorschläge:

Einleitung

Jeder von uns kennt sicherlich Gewächshäuser aus Glas, in denen junge Pflanzen herangezogen werden: Tomaten, Paprika und viele andere Pflanzen wachsen dort – und zwar wesentlich besser als außerhalb des Gewächshauses. Solche Gewächshäuser werden auch Treibhäuser genannt. Viele kennen vielleicht auch den Ausdruck „eine Luft wie im Treibhaus". Dies meint sehr warme und feuchte Luft.
Überleitung: Was hat nun solch ein Treibhaus mit dem Klima auf der Erde und mit dem Klimawandel zu tun?

1. Referatabschnitt: Der natürliche Treibhauseffekt

Wasserdampf und Spurengase (Kohlendioxid, Distickstoffoxid, Methan, Ozon) bewirken Treibhauseffekt: lassen Wärmestrahlen auf die Erde, aber verhindern die Abgabe; dadurch mittlere Erdtemperatur 15 Grad, ohne Treibhauseffekt: 33 Grad kälter = –18 Grad, d.h. kein Leben möglich
Quelle: Text a)
Anschauungsmaterial: Grafik b) mit abgedeckten Schornsteinen
Überleitung: Wie wird nun aus einem lebenswichtigen ein vielleicht gefährlicher Treibhauseffekt?

2. Referatabschnitt: Der vom Menschen verursachte (anthropogene) Treibhauseffekt

Treibhausgase Kohlendioxid durch Verbrennung, Methan durch Tierhaltung, Düngung, Wasserdampf durch zunehmende Erwärmung, Ozon und Fluorchlorkohlenwasserstoffe aus Sprühdosen, Kühlschränken etc. freigesetzt, Hauptanteil am Treibhauseffekt Kohlendioxid (64%), Methan (20%), Folge: Abstrahlung von Sonnenwärme behindert, kontinuierlicher Anstieg der Erdtemperatur

Quelle: Grafik g)

Anschauungsmaterial: Grafik b) Schornsteine aufdecken, danach Grafik g) zur genaueren Erklärung der Ursachen

Überleitung: Wie stark ist denn nun dieser von Menschen verursachte Klimawandel?

3. Referatabschnitt: Die Klimaveränderung durch den anthropogenen Treibhauseffekt

1900–2000: durchschnittliche Erwärmung um 0,7 Grad, seit 1980 um ca. 0,3 Grad, Verschiebung der Klimazonen und Windgürtel durch Anstieg der Ozeantemperatur

Quellen: Text c) und Grafik f)

Anschauungsmaterial: Grafik f)

Überleitung: Ist es denn wirklich so schlimm, wenn es auf der Erde ein bisschen wärmer wird?

4. Referatabschnitt: Die Folgen der Klimaänderung

a) Schmelzen der Polkappen und Gletscher → Anstieg des Meeresspiegels → Überflutung von Küstenregionen

Quellen: Text c) und Grafik g)

b) Zunahme extremer Wetterereignisse (Stürme, Hochwasser, Hitzeperioden), seit 1960: 2x–3x mehr, 6x höherer volkswirtschaftlicher Schaden, Beispiel Sommer 2003: 7000 Hitzetote (6613 Tote durch Verkehrsunfälle)

Quellen: Text e) und d)

c) Veränderung der Landwirtschaft (Deutschland: Weinanbau n. Norden), Ausbreitung von Dürregebieten, Zunahme der Bodenerosion

d) Artensterben (Korallenriffe) und -ausbreitung (tropische Insekten/Malaria) in bisher nicht betroffenen Gebieten (Südeuropa)

Quelle: Text e)

Anschauungsmaterial: Grafik g)

5

Lösungsvorschlag:

1. Der natürliche Treibhauseffekt

Der natürliche Treibhauseffekt bedeutet, dass Wasserdampf und Spurengase die

Erde wie eine Hülle umgeben. Diese Hülle lässt zwar die Wärmestrahlen der Sonne auf die Erde gelangen, hält aber diese Strahlen dann auf der Erde zurück. Dadurch hat die Erde schon seit vielen Jahrtausenden eine mittlere Temperatur von 15 Grad. Ohne diesen natürlichen Treibhauseffekt wäre kein Leben auf der Erde möglich.

2. Der vom Menschen verursachte (anthropogene) Treibhauseffekt

Durch die Verbrennung von Brennstoffen, Tierhaltung, Düngung und die zunehmende Erwärmung der Ozeane werden aber mehr Treibhausgase freigesetzt als dies natürlicherweise der Fall wäre. Die Folge dieses anthropogenen, d. h. vom Menschen verursachten Treibhauseffekts ist sozusagen eine Verdichtung dieser Hülle um die Erde und damit eine Erhöhung der durchschnittlichen Erdtemperatur.

3. Die Klimaveränderung durch den anthropogenen Treibhauseffekt

In den letzten hundert Jahren hat sich daher die Erde um ca. 0,7 Grad erwärmt, allein seit 1980 um ca. 0,3 Grad. Klimazonen und Windgürtel verschieben sich durch den Anstieg der Ozeantemperatur.

4. Die Folgen der Klimaänderung

Die Folgen der Klimaänderung sind erheblich und betreffen die folgenden Bereiche:

a) Durch das Schmelzen der Polkappen steigt der Meeresspiegel an. Küstenregionen werden dadurch überflutet.
b) Extreme Wetterereignisse wie Stürme, Hochwasser oder Hitzeperioden (wie z. B. der Sommer 2003 mit 7000 Hitzetoten in Deutschland) nehmen zu.
c) Die Landwirtschaft verändert sich. In manchen Regionen gibt es neue Anbaumöglichkeiten (z. B. Weinanbau im Norden Deutschlands). Aber es kommt auch zu einer Ausdehnung von Dürregebieten und zu verstärkter Bodenerosion.
d) Der Klimawandel lässt viele Pflanzen- und Tierarten aussterben (z. B. Korallenriffe) oder führt zu einer Ausbreitung bestimmter Arten (tropische Insekten) und damit auch zum vermehrten Auftreten bestimmter Krankheiten (z. B. Malaria) in bisher nicht betroffenen Gebieten (Südeuropa).

6

Lösungsvorschlag:

„Treibhauseffekt" hört sich eigentlich gar nicht so schlimm an. Die Folgen des vom Menschen angeheizten Treibhauseffekts sind aber erheblich, ja für viele Menschen auf dieser Erde bedrohen sie die wirtschaftliche Existenz oder sogar das Leben. Es wird also höchste Zeit, dass die Staaten der Erde, aber auch jeder Einzelne klimabewusst handeln. Dazu gehört vor allem, dass der sorglose und verschwenderische Umgang mit Energie aufhören muss.

7 Erörterungen schreiben

7.1 Thema, These, Argumente und Einleitung einer linearen Erörterung

1

Folgende Themen eignen sich für eine Erörterung:

3. Verdopplung des Sportunterrichts
7. Isolation durch häufiges Chatten
14. Aufräumen des eigenen Zimmers

Alle anderen Themen sind zu allgemein gehalten.

Mögliche Erörterungsfragen:

3. Warum sollte der Sportunterricht verdoppelt werden?
7. Wieso kann häufiges Chatten soziale Isolation verursachen?
14. Warum sollte man für das Aufräumen seines eigenen Zimmers verantwortlich sein?

2

Folgende Stichworte eignen sich als Argumente:
- Gesundheitsförderung durch Sport
- Verbesserung der geistigen Leistungsfähigkeit durch Sport
- Ausgleich zum Bewegungsmangel in Freizeit und Schule
- Förderung des Sozialverhaltens
- Verringerung des Übergewichts vieler Kinder und Jugendlichen
- Behebung von Bewegungsstörungen bei vielen Kindern

Der Sportunterricht sollte verdoppelt werden, weil dadurch
- die Gesundheit gefördert wird.
- die geistige Leistungsfähigkeit verbessert wird.
- der Bewegungsmangel in Freizeit und Schule ausgeglichen wird.
- das Sozialverhalten gefördert wird.
- das Übergewicht vieler Kinder und Jugendlichen verringert wird.
- die Bewegungsstörungen bei vielen Kindern behoben werden.

3

Einzelinformationen: 2., 3., 4., 5., 6., 7., 8., 9., 10., 11., 12., 14., 16., 19,. 20., 22., 23., 27.
Beispiele: 18., 21., 26.
Ungeeignet: 17., 24., 25.

4

Lösungsvorschlag:
Der Sportunterricht sollte verdoppelt werden, um den Bewegungsmangel in der Freizeit auszugleichen. Es gibt nämlich immer weniger Straßenraum zum Spielen. 83 % der Kinder zwischen 6 und 13 Jahren sehen täglich fern oder spielen am Computer und sitzen oder liegen durchschnittlich 18 Stunden am Tag. Nur 46 % spielen täglich draußen. Sechs- bis Zehnjährige haben durchschnittlich nur eine Stunde körperliche Bewegung am Tag. Dies hat zur Folge, dass nur etwa 50 % der 10 - 12jährigen eine normal entwickelte Muskulatur besitzen. Wegen Bewegungsmangel ist die körperliche Leistungsfähigkeit von 10 - 14jährigen seit 1995 um 20 % gesunken. Ärzte warnen daher, dass dies zu Haltungsmängeln und Übergewicht führe. Der Deutsche Kinderschutzbund erklärt, dass dies ein ernstes Problem für die gesamte Gesellschaft sei. Manche Wissenschaftler behaupten sogar, dass Deutschland krank werde. Fest steht jedenfalls, dass die Behandlungskosten durch Haltungsschäden und Herz-Kreislauferkrankungen wegen Bewegungsmangel hoch sind.

5

a) ist nicht geeignet, weil es nicht um Kinder und Jugendliche bzw. den Sportunterricht geht, sondern ganz allgemein um Bewegungsmangel und Gesundheitsprobleme in der Gesellschaft.
b) ist geeignet, weil es in diesem Text um die Ursachen von Gesundheitsproblemen in der Kindheit und die besondere Aufgabe des Sportunterrichts geht.
c) ist so nicht geeignet, weil es nicht gezielt um den Sportunterricht, sondern ganz allgemein um die Aufgaben von Schulen und Sportvereinen geht.

6

Lösungsvorschlag:
Ausgangsfrage:
Müssten dazu aber nicht die wöchentlichen Sportstunden verdoppelt werden?

7.2 Aufbau und sprachliche Mittel einer linearen Erörterung (Hauptteil und Schluss)

1

Lösungsvorschläge:

a) Verhinderung von Gesundheitsschäden durch Sport
- Bewegungsmangel (Computer, Fernsehen, wenig Straßenraum): Haltungsmängel, Übergewicht
- Gesunkene körperliche Leistungsfähigkeit
- Behandlungskosten
- Beispiele. Marco – Treppensteigen, Oliver – Sitzen, Sarah – auf einem Bein, Sabine – Übergewicht
- Wissenschaftler: Kranke Gesellschaft

b) Verbesserung der Konzentrationsfähigkeit durch Sport
- Unterrichtsalltag: stundenlanges Stillsitzen
- langes Stillsitzen schlecht für Konzentrationsfähigkeit
- gesunder Kreislauf wichtig für Konzentrationsfähigkeit

c) Förderung des Selbstbewusstseins durch Sport
- Sportinteresse bei Jungen (50%) u. Mädchen (40%) hoch
- Wichtige Lernerfahrung (Fortschritt durch Üben)
- Verbesserung der körperlichen Leistungsfähigkeit
- Zeigen eigener sportlicher Fähigkeiten (z. B. aus dem Vereinssport)
- Aushalten von Konkurrenzsituationen/keine Versagensängste

d) Förderung des Sozialverhaltens durch Sport
- Abbau von Aggressionen; Einhalten von Regeln
- Fairness und Kooperation im Sport gut erlernbar
- Kooperation in der Gruppe bei Mannschaftsspielen

2

Lösungsvorschläge:

1. Verbesserung der Konzentrationsfähigkeit durch Sport
- Unterrichtsalltag: stundenlanges Stillsitzen
- langes Stillsitzen schlecht für Konzentrationsfähigkeit
- gesunder Kreislauf wichtig für Konzentrationsfähigkeit

2. Förderung des Selbstbewusstseins durch Sport
- Sportinteresse bei Jungen (50%) u. Mädchen (40%) hoch
- Wichtige Lernerfahrung (Fortschritt durch Üben)

- Verbesserung der körperlichen Leistungsfähigkeit
- Zeigen eigener sportlicher Fähigkeiten (z. B. aus dem Vereinssport)
- Aushalten von Konkurrenzsituationen/keine Versagensängste

3. Förderung des Sozialverhaltens durch Sport
- Abbau von Aggressionen; Einhalten von Regeln
- Fairness und Kooperation im Sport gut erlernbar
- Kooperation in der Gruppe bei Mannschaftsspielen

4. Verhinderung von Gesundheitsschäden durch Sport
- Bewegungsmangel (Computer, Fernsehen, wenig Straßenraum): Haltungsmängel, Übergewicht
- Gesunkene körperliche Leistungsfähigkeit
- Behandlungskosten
- Bsp. Marco – Treppensteigen, Oliver – Sitzen, Sarah – auf einem Bein, Sabine – Übergewicht
- Wissenschaftler: Kranke Gesellschaft

3

Lösungsvorschläge:

1. Immer mehr Kinder leiden unter Bewegungsmangel, **weil es immer weniger Straßenraum zum Spielen gibt**. **(Kausalsatz)**
2. Computerspiele und Fernsehen füllen einen großen Teil der Freizeit von Kindern und Jugendlichen, **sodass es zu immer mehr Haltungsschäden durch Bewegungsmangel kommt**. **(Konsekutivsatz)**
3. In der Schule sollte die Bewegung der Schüler wesentlich mehr gefördert werden, **um den Bewegungsmangel auszugleichen**. **(Finalsatz)**
4. **Wenn sich Kinder kaum noch bewegen**, kann dies zu schweren Haltungsschäden und Übergewicht führen. **(Konditionalsatz)**
5. **Obwohl er für die Gesundheit wichtig ist**, spielt der Sportunterricht an den meisten Schulen immer noch eine Nebenrolle. **(Konzessivsatz)**
6. Je **weniger** Straßenraum zum Spielen zur Verfügung steht, desto **mehr** weichen Kinder auf Computerspiele und Fernsehen aus. **(Komparativ)**
7. Es ist **höchste** Zeit zu handeln. **(Superlativ)**
8. **Eltern, Lehrer und Politiker**, tut endlich etwas gegen die Haltungsschäden von Kindern! **(Appell)**
9. **Sehen Sie noch oft Kinder** auf der Straße spielen? **(Rhetorische Frage)**
10. **Ist stundenlanges Sitzen vor dem Computer** noch gesund? **(Rhetorische Frage)**

4

Lösungsvorschlag:

1. Verbesserung der Konzentrationsfähigkeit durch Sport

Sportunterricht ist keine störende Unterbrechung im Unterrichtsalltag, sondern wichtig für ein effektives Lernen. Stundenlanges Stillsitzen macht die Schüler unruhig und unkonzentriert. Leider ist das aber immer noch typisch für unsere Schulen. Bewegung und ein gesunder Kreislauf sind aber wichtig für die geistige Leistungsfähigkeit. Die Schule sollte daher auch im eigenen Interesse dem Sportunterricht eine größere Bedeutung geben.

2. Förderung des Selbstbewusstseins durch Sport

Viele Kinder und Jugendliche treiben Sport bzw. interessieren sich für Sport (50 % der Jungen, 40 % der Mädchen). Wenn die Schule diesem Interesse entgegenkommt, sind die Schüler motivierter und fühlen sich in der Schule angenommen.

Zudem kann man mit Sport eine wichtige Lernerfahrung machen: Üben bringt spürbaren Fortschritt – auch wichtig für ein gesundes Selbstbewusstsein. Ähnlich positiv wirkt es sich aus, wenn man die eigene körperliche Leistungsfähigkeit verbessert oder vielleicht die sportlichen Fähigkeiten aus dem Vereinssport den Mitschülern zeigen kann.

Besonders wichtig auch für das erwachsene Selbstbewusstsein ist aber, dass man Konkurrenzsituationen aushalten kann. Dies bedeutet auch, dass man verlieren kann, ohne sich direkt als Versager zu fühlen oder Angst davor zu haben.

3. Förderung des Sozialverhaltens durch Sport

Gerade in der heutigen Gesellschaft, in der es sehr viel Egoismus gibt, sollte das Sozialverhalten möglichst stark gefördert werden.

Sportunterricht bedeutet, dass man besonders bei Mannschaftsspielen kooperieren und Regeln einhalten muss. Dadurch lernt man sich ein- und unterzuordnen und auf andere zu achten. Das Zusammenspiel in der Gruppe ist für jeden gut nachzuvollziehen und damit vielleicht auch besser zu lernen als im sonstigen Unterricht. Fairness und Kooperation sind also besondere Unterrichtsziele im Sportunterricht. Von besonderer Bedeutung sowohl im Schulalltag als auch im gesamten Sozialverhalten von Schülern ist aber der Aggressionsabbau durch Sport. Dieser führt zu größerer emotionaler Ausgeglichenheit – die entscheidende Voraussetzung für ein positives soziales Verhalten.

4. Verhinderung von Gesundheitsschäden durch Sport

Immer mehr Kinder leiden unter den Folgen des Bewegungsmangels in Schule und Freizeit. Dies führt zu katastrophalen gesundheitlichen Folgen bis ins Erwachsenenalter.

Ärzte und Wissenschaftler weisen vermehrt darauf hin, dass Deutschland dabei ist, krank zu werden. Diese Erkrankung einer ganzen Gesellschaft hat ihre Wurzeln in der Kindheit. So ist die körperliche Leistungsfähigkeit bei 10–14jährigen in den letzten zehn Jahren um etwa 20 % gesunken, jedes sechste Kind in Deutschland hat Übergewicht und nur etwa die Hälfte der 10 - 12jährigen besitzt noch eine normal entwickelte Muskulatur. Der Grund für diese dramatische Entwicklung liegt im Bewegungsmangel der Kinder. Immer weniger Straßenraum eignet sich zum Spielen, Computer und Fernsehen bestimmen die Freizeit von Kindern und Jugendlichen. So sehen 83 % der 6 - 13jährigen täglich fern, aber nur 46 % spielen täglich draußen. Im Durchschnitt bleibt damit für die 6 - 10jährigen nur noch eine Stunde körperliche Bewegung pro Tag. Typische Beispiele für diese Situation sind Sarah, die keine zehn Sekunden auf einem Bein stehen kann, oder Marco und Sabine, die wegen ihres Übergewichts kaum noch eine Treppe hochkommen. Dieser Bewegungsmangel hat langfristige Gesundheitsschäden zur Folge. Kein Wunder also, dass es immer höhere Behandlungskosten wegen Haltungsschäden und Herz-Kreislauferkrankungen gibt. Die Schulen dürfen daher nicht tatenlos zusehen, wenn Deutschland immer kränker wird.

5

Lösungsvorschlag:

Für eine Verdopplung des Sportunterrichts spricht nicht nur das Interesse der Schulen an konzentrierten und selbstbewussten Schülern und das Interesse der gesamten Gesellschaft an Menschen mit einem sozialen Verhalten. Besonders wichtig ist die Gesundheit der Gesellschaft. Je häufiger die Menschen durch Bewegungsmangel erkranken, desto schwieriger wird ihre persönliche familiäre und wirtschaftliche Situation, desto höher werden aber auch die Kosten für die ganze Gesellschaft. Gerade die Schulen sollten also hier ihren Beitrag leisten, um diese schlimmen Folgen für die persönliche und gesellschaftliche Entwicklung zu verhindern. Profitieren sie nicht auch selbst davon, wenn gesunde, entspannte und konzentrierte Schüler die Schulbank drücken?

6

Lösungsvorschlag:

Die Einleitung sollte noch durch einen kurzen Ausblick auf die Argumentation ergänzt werden:

Viele Menschen in Deutschland sind zu dick, haben Probleme beim Treppensteigen oder häufige Rückenschmerzen. Oft liegen die Ursachen dafür in der Kindheit. Der Sportunterricht könnte einen wichtigen Beitrag leisten, um Bewegungsmangel und Übergewicht schon im Kindesalter zu bekämpfen. Müssten dazu aber nicht die wöchentlichen Sportstunden verdoppelt werden? Ich möchte im Folgenden gerne genauer erklären, warum nicht nur die Gesellschaft, sondern auch die Schule von einer Verdopplung des Sportunterrichts profitieren würden.

Test

1

Lösungsvorschläge:

a) Urlaub – wichtige Familienzeit

Zeit für gemeinsame Unternehmungen

Kein Schul- oder Berufsstress

Gemeinsame neue Erlebnisse

Erholung von Beruf und Schule

Ununterbrochen zusammen

b) Erziehung zur Selbstständigkeit

Kein Nörgeln bei Enttäuschung

Schritt ins Erwachsenenleben

Verständnis für andere Interessen

Verbesserung der Diskussionsfähigkeit

Vermeidung einer reinen Konsumhaltung

Mitverantwortung für Urlaubsentscheidung

c) Erleichterung der Urlaubsplanung

Wichtig für Tochter: Gleichaltrige am Urlaubsort

Wichtig für Sohn: Sporttauchen möglich

Unterschiedliche Urlaubsinteressen

Urlaubsziel: schwieriger Kompromiss

Leichtere Aufteilung der Urlaubsvorbereitung

Neue Ideen für Urlaubsziele

Mutter: Sonne und viel Schwimmen

Alle informieren sich

Vater: Zeit zum Angeln

d) Verbesserung des Familienlebens

Zusammengehörigkeitsgefühl

Bessere Stimmung im Urlaub

Mehr Verständnis füreinander

Neue Seiten an Familienmitgliedern kennen lernen

Entdeckung gemeinsamer Interessen

Auswirkung auf andere Familienentscheidungen

2

Lösungsvorschlag:

Einleitung:

Der gemeinsame Urlaub ist für die meisten Familien die wichtigste Zeit im Jahr. In dieser Zeit wollen sich nicht nur alle Familienmitglieder erholen, sondern auch gemeinsam etwas Neues erleben und dabei mehr Zeit füreinander als im Alltag haben. So ein Familienurlaub hat also viele und oft recht unterschiedliche Erwartungen und Wünsche zu erfüllen.

Sollten nicht deshalb auch die Kinder über die Art und das Ziel des Urlaubs mit bestimmen? Ist diese Mitbestimmung nicht sogar notwendig, damit diese wichtige Familienzeit gelingt, und besonders, damit aus Kindern selbstständige Menschen werden? Ich möchte nun im Einzelnen erörtern, warum die Kinder über den Familienurlaub mitbestimmen sollten.

3

Lösungsvorschlag:

1. Urlaub – wichtige Familienzeit

Der gemeinsame Urlaub ist nicht irgendeine Zeit im Jahr, sondern eine ganz wichtige Zeit für die Familie. Es gibt keinen Schul- oder Berufsstress. Alle Familienmitglieder wollen sich in dieser Zeit davon erholen. Besonders bedeutet aber die Urlaubszeit, dass die Familie anders als im Alltag ununterbrochen zusammen ist und Zeit für gemeinsame Unternehmungen hat. Diese gemeinsamen neuen Erlebnisse sind natürlich etwas Besonderes und im Alltag so nicht möglich. Sie machen den Familienurlaub regelrecht kostbar. Daher sollten eigentlich alle Familienmitglieder sich über Art und Ziel des Urlaubs gründlich verständigen.

2. Erleichterung der Urlaubsplanung

Wenn alle Familienmitglieder mit entscheiden, liegt es auch nahe, die Urlaubsvorbereitung auf mehrere Schultern aufzuteilen. So fühlen sich z. B. alle aufgefordert, Informationen im Internet oder beim Reisebüro einzuholen. Es ist nicht mehr nur Sache der Eltern, sich den Kopf zu zerbrechen, wo es denn diesmal hingehen sollte. Neue Ideen für Urlaubsziele können leichter gefunden werden.

Aber es gibt noch einen viel wichtigeren Grund für die Mitbeteiligung aller Familienmitglieder:

In jeder Familie gibt es in der Regel sehr unterschiedliche Urlaubsinteressen. So ist es vielleicht für die Mutter wichtig, viel Sonne zu genießen und schwimmen gehen zu können. Der Vater ist dagegen mehr daran interessiert, Gelegenheit zum Angeln zu haben, die Tochter daran, am Urlaubsort Gleichaltrige zu treffen, und der Sohn, die Unterwasserwelt zu erkunden. Das Urlaubsziel und die Gestaltung des Urlaubs sind also meist ein schwieriger Kompromiss, wenn alle Interessen berücksichtigt werden sollen. Kompromisse können aber nur von allen Beteiligten gefunden werden.

3. Verbesserung des Familienlebens

Ein gelungener Urlaub, bei dem jeder auf seine Kosten kommt, ist natürlich wichtig für eine gute Stimmung im Urlaub. In dieser Zeit können vielleicht sogar neue gemeinsame Interessen entdeckt werden und mehr Verständnis füreinander entstehen. Eine wichtige Folge davon ist, dass das Familienleben außerhalb des Urlaubs davon geprägt wird: Die gemeinsame Urlaubsentscheidung wirkt sich auch auf andere Entscheidungen in der Familie aus. Es fällt leichter, diese auch gemeinsam zu treffen. Damit wird zudem das Zusammengehörigkeitsgefühl der Familie verbessert.

4. Erziehung zur Selbstständigkeit

Der gemeinsam geplante Urlaub hat aber nicht nur unmittelbare Auswirkungen, sondern auch sehr langfristige. Nun können die Kinder ja nicht mehr nörgeln, wenn ihnen irgendetwas im Urlaub nicht passt. Sie tragen schließlich genauso die „Urlaubsverantwortung" wie ihre Eltern. Damit wird auch verhindert, dass Kinder eine Konsumhaltung einnehmen und erwarten, dass ihnen die Eltern alle Wege ebnen. Vielleicht noch wichtiger aber ist es, dass sie Diskussionsfähigkeit und das Verständnis für andere Sichtweisen lernen. Dadurch werden sie selbstständiger und zugleich erwachsener, weil sie sich aus der kindlichen Abhängigkeit und dem kindlichen Egoismus lösen.

4

Lösungsvorschlag:

Schluss:

Die Mitbestimmung aller Familienmitglieder über den gemeinsamen Urlaub ist nicht nur aus praktischen Gründen (leichtere Urlaubsvorbereitung) zu befürworten. Ich halte sie auch für sehr wichtig, damit die Stimmung im Urlaub stimmt, ja sogar, damit sich die Familie auch nach dem Urlaub besser versteht und das Zusammengehörigkeitsgefühl verbessert wird. Ganz besonders hervorzuheben ist aber, dass die Kinder dadurch selbstständiger und ein Stück erwachsener werden. Und welche Eltern würden ernsthaft etwas gegen dieses Erziehungsziel einwenden?

Jugendromane lesen und untersuchen

8

1

Lösungsvorschlag:

Louis Sachar wurde 1954 in New York geboren. Er studierte Wirtschaftswissenschaften und Jura. Er arbeitete u.a. als Pulloververkäufer und Hilfslehrer an einer Grundschule. In dieser Zeit schrieb er sein erstes Kinderbuch. Louis Sachar wurde zunächst Anwalt, schrieb aber während dieser Zeit so erfolgreiche Kinderbücher, dass er seit 1989 das Schreiben zu seinem Hauptberuf gemacht hat. Für die 1998 erstmals erschienenen „Löcher" erhielt er mehrere bekannte amerikanische Literaturpreise und kam auf die Auswahlliste zum deutschen Jugendliteraturpreis. Louis Sachar ist verheiratet, hat eine Tochter und lebt mit seiner Familie in Kalifornien.

2

Lösungsvorschlag:

Boot Camps, auf Deutsch Stiefel-Lager, heißen in den USA etwa 400 Umerziehungslager für Jugendliche. Die Camps orientieren sich an militärischen Ausbildungslagern für Rekruten. Sie sind entweder eine Alternative zum Jugendgefängnis, oder sie werden von überforderten Eltern in Anspruch genommen, die dafür viel Geld bezahlen. Die Genehmigung zur Führung eines solchen Lagers ist einfach zu erhalten, die Mitarbeiter sind häufig pädagogisch gar nicht ausgebildet. Weil Jugendschutzgesetze hier keine Gültigkeit haben, wird mit den Jugendlichen sehr hart umgegangen: Ein hartes körperliches Training, sehr strenge Strafen, ein erniedrigender Umgangston, strikter Gehorsam und immer wieder Todesfälle kennzeichnen diese Lager. Wissenschaftliche Untersuchungen haben allerdings ergeben, dass der militärische Drill nur vorübergehend wirksam ist und keine wirkliche Änderung oder Besserung der Persönlichkeit bewirkt. Camps seien demnach teuer, aber nicht effektiv.

3

Gefängnis für Jungen – früher: großer See – heute: Wüste, heiß – Campbewohner: Löcher graben – Gefahr durch Klapperschlangen, Eidechsen (tödlich) usw. – 100 Jahre Camp Green Lake

4

2. Die Wüste von Green Lake

5

Lösungsvorschlag:

Der offenbar kriminell gewordene Stanley Yelnats hat die Wahl, seine Strafe im Gefängnis oder in „Camp Green Lake“ zu verbüßen. Man entscheidet sich fürs Camp. Doch weder Stanley noch seine Eltern scheinen zu wissen, was ihn dort erwartet. Offenbar denken sie bei dem Namen „Camp Green Lake“ an so etwas wie ein Feriencamp.

Erst als Stanley am Camp ankommt, ahnt er, dass der Name sie in die Irre geführt hat: Er schaut durch die schmutzigen Fenster des Busses und kann weder einen See noch eine grüne Landschaft entdecken.

6

c), e) und f) und h) gehören zur Haupthandlung, weil es in ihnen um den Jungen Stanley Yelnats und seinen Aufenthalt im Camp geht.

7

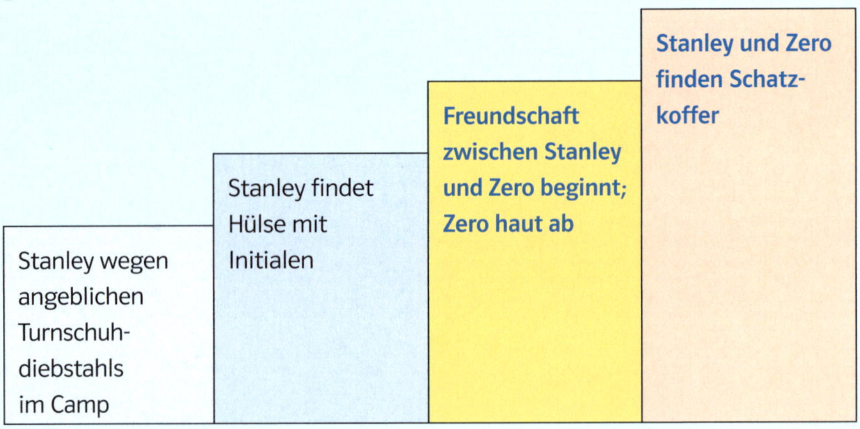

8

Lösungsvorschläge:

b) **Vorgeschichte I:** Vorgeschichte Stanleys (gefundene Turnschuhe, Recycelprojekt des Vaters)
a) **Vorgeschichte II:** Geschichte des Ururgroßvaters, Beginn des Familienfluchs
d) **Vorgeschichte III:** Geschichte des reichen Urgroßvaters und Namengebers
g) **Vorgeschichte IV:** Geschichte von Kissin' Kate

9

Lösungsvorschläge:

Vorgeschichte I: Stanley will die stinkenden Turnschuhe wegen des Projekts seines Vaters mit nach Hause nehmen und landet wegen dieses angeblichen Diebstahls im Camp.

Vorgeschichte II: Stanley und seine Familie glauben, mit seiner Verhaftung und seinem Lageraufenthalt wieder mal ein Opfer des Familienfluchs aus den Zeiten seines Ururgroßvaters geworden zu sein.

Vorgeschichte III: Der von der Banditin Kissin' Kate vergrabene Koffer mit dem Vermögen des Urgroßvaters und Namengebers wird von Stanley und seinem Freund Zero gefunden. Damit tritt Stanley sozusagen in die Fußstapfen seines erfolgreichen Vorfahren Stanley Yelnats I.

Vorgeschichte IV: Nur durch den damaligen Überfall der Banditin Kissin' Kate auf den Urgroßvater konnte der Junge Stanley Yelnats dessen Erbe antreten. Die Banditin hatte nämlich den geraubten Koffer vergraben.

10

Lösungsvorschlag:

Die „Löcher" im Buchtitel haben nicht nur mit der Strafarbeit der Jungen im Camp zu tun, sondern sie besitzen als Leitmotiv auch eine übertragene Bedeutung: Es geht in Sachars Buch ganz besonders um die offenen Fragen und alten Probleme (= Löcher) der Familie Yelnats, die am Schluss beantwortet bzw. gelöst werden. Darauf deutet auch die Überschrift des letzten Kapitels hin: „Löcher werden gefüllt".

Alte Geschichten münden nun in die Haupthandlung bzw. werden abgeschlossen und die Haupthandlung findet ein harmonisches Ende.

9 Sachtexte lesen, untersuchen und bewerten

2

a) Entwicklung der Bevölkerung
b) Manager der Verkaufsabteilung eines Unternehmens
c) finanzielle Unterstützung von Schulen durch Unternehmen
d) übertriebene Bedeutung des Konsums
e) Beeinflussung des Einzelnen durch Werbung

3

a) Manche Firmen verschweigen die Höhe ihrer Werbeausgaben, weil man ihnen sonst den Vorwurf machen könnte, Kinder zum Konsum zu verleiten.
b) Übertriebener Konsum ist eine riskante Verlockung, wenn Jugendliche in schwierigen Lebenssituationen aufwachsen.

4

Das Ziel der Werbung
Abschnitt 2: Zeile 36 bis Zeile 62
Auswirkung der Werbung
Abschnitt 4: Zeile 91 bis Zeile 127
Wirtschaftliche Bedeutung des Konsums von Kindern
Abschnitt 3: Zeile 63 bis Zeile 90
Zunehmende Werbeausgaben
Abschnitt 1: Zeile 1 bis Zeile 35

5

Lösungsvorschlag:
Die Werbung versucht sich durch immer höhere Werbeausgaben im kindlichen Bewusstsein festzusetzen, ja Millionen von Kindern regelrecht auf Konsum abzurichten. Dazu ist es natürlich notwendig, die Kinderseele, ihre Psyche und jeweilige Befindlichkeit genau zu erforschen. Kinder sind nämlich ein wichtiger Wirtschaftsfaktor: Die Eltern in Deutschland geben bis zur Hälfte ihres monatlichen Nettoeinkommens für die Kinder aus und das Vermögen der Kinder und Jugendlichen ist erheblich. Die Auswirkungen der Werbekampagnen sind nicht zu übersehen: Konsum ist für viele zu einer wichtigen Quelle des Selbstwerts geworden. Viele halten im Sinne der Werbung Aussehen sogar für wichtiger als Charakter.

6

Eigentlich geht es in diesem Text in erster Linie um die Ziele und Wirkungen der Werbung und nicht um das Konsumverhalten von Kindern. Daher wäre die Überschrift „Verführung zum Konsum“ oder „Konsumdrill von Kindern“ treffender.

7

Lösungsvorschlag:

Im Jahr 2004 wurden insgesamt 2,6 Milliarden Euro von der deutschen Ernährungswirtschaft für Werbung ausgegeben. Dabei fällt der folgende Unterschied deutlich ins Auge: Während 23 Prozent dieser Ausgaben dazu verwendet wurden, um für Schokolade und Süßware zu werben, waren es nur vier Prozent, mit denen die Industrie für Nährmittel des täglichen Bedarfs, also sozusagen notwendige Lebensmittel warb.

8

Informationen der Grafik:

Genaue Prozentangaben bei allen Produkten.

Informationen des Textes:

Kurze Erläuterung des Sinns von Werbung: Beeinflussung des Käufers angesichts eines großen Warenangebots in den Supermärkten. Zusammenfassung der Prozentangabe für Getränke. Der Anteil der Werbung für Schokolade und Süßwaren wird genau und in Prozenten angegeben. Werbung für Bier, Milchprodukte, alkoholfreie Getränke wird erwähnt.

9

Die Grafik würde am ehesten in den Abschnitt 1 (Zeile 1–35) „Zunehmende Werbeausgaben“ passen.

10

Lösungsvorschlag:

In dem Text „Habe alles, bekomme mehr“ geht es um den immer größeren Einfluss, den die Werbung auf Kinder und Jugendliche nimmt. Ein wesentlicher Grund dafür ist, dass die wirtschaftliche Bedeutung von Kindern und Jugendlichen zugenommen hat und daher auch die Werbeausgaben gestiegen sind. Die Hauptwirkung der Werbekampagnen für junge Zielgruppen besteht darin, dass Jugendliche zu der Annahme verleitet werden, der Konsum sei für das Selbstwertgefühl wichtig. Auch spielt für viele Kinder und Jugendliche das Aussehen anderer inzwischen eine größere Rolle als deren Charakter.

Die Grafik „Appetitmacher" zeigt, wie groß die Werbeausgaben für die Produkte der Ernährungswirtschaft im Jahr 2004 waren. Hier fällt auf, dass Süßwaren und Getränke an der Spitze stehen - Produkte also, für die sich besonders auch Kinder und Jugendliche interessieren.

Der Text informiert weitgehend genau und klar in Abschnitte gegliedert über den Hintergrund und die Auswirkungen der Werbung für Kinder und Jugendliche. Allerdings fehlen genaue Zahlenangaben in dem Abschnitt, in dem es um die Wirkung der Werbung auf das Selbstwertgefühl der Kinder geht (Zeile 91–127). Auch wird nicht genauer dargestellt, wie sich die Werbung in den verschiedenen Altersgruppen auswirkt. Gut ist aber, dass dieser Abschnitt den Schluss des Textes bildet und damit besondere Bedeutung bekommt.
Die Informationen der Grafik sind sehr genau. Allerdings fehlen Angaben dazu, in welchem Umfang die Ernährungswirtschaft versucht, gezielt Kinder und Jugendliche durch Werbung für ihre Produkte zu gewinnen. So gibt es ja gerade hier viele Produkte, für die in erster Linie junge Menschen als Käufer gewonnen werden sollen.

Register

Quellenverzeichnis

S. 73 Deutsche Krebsgesellschaft, „Viele Raucher wählen die so genannte *Schlusspunkt-Methode*", http://www.krebsgesellschaft.de/rauchen_aufhoeren,1056.html

S. 73 Deutsche Krebsgesellschaft, „Eltern sind während der gesamten Kindheit die wichtigsten …", http://krebsgesellschaft.de/rauchen_kinder,1059.html

S. 74 Irmtraud Beyer, „In Deutschland gibt es schätzungsweise ca. 16,7 Millionen …", aus: Natura – Biologie für Gymnasien. Lehrerband 7. bis 10. Schuljahr, Ernst Klett Verlag GmbH, Stuttgart 2003, S. 68.

S. 75 Carl Brandt, „Raucherkarrieren beginnen meist schon im jugendlichen Alter …", www.netdoktor.de/ratschlaege/fakten/raucherlunge1.htm

S. 75 Irmtraud Beyer, „Nikotin führt in den ersten 15 Minuten …", aus: Natura – Biologie für Gymnasien. Lehrerband 7. bis 10. Schuljahr, Ernst Klett Verlag GmbH, Stuttgart 2003, S. 68.

S. 75 Andreas Kürten, „Nikotinersatzpräparate lindern die körperlichen Entzugssymptome …", www.zdf.de/zdfde/inhalt/23/0,1872,3939191,00.html

S. 75/76/91 H. Bickel, „Beim Einatmen …"; „Vergleicht man die …"; „In den vergangenen 100 Jahren"; aus: Natura – Biologie für Gymnasien. Lehrerband 7. bis 10. Schuljahr, Ernst Klett Verlag GmbH, Stuttgart 2002, S. 244.

S. 76 Angaben: Deutsche Hauptstelle für Suchtfragen, „Verbreitungsgrad verschiedener Suchterkrankungen in Deutschland"

S. 76 Deutsche Krebsgesellschaft, „Die Krankenkassen und ihre Beitragszahler …", http://krebsgesellschaft.de/rauchen_kosten,1055.html

S. 77 Burckhard Junge und M. Nagel, „82 Prozent der erwachsenen Raucher …", http://www.krebsgesellschaft.de/rauchen_datenzahlenfakten,1050.html

S. 77 Burckhard Junge und M. Nagel, „Der stärkste Risikofaktor …", http://krebsgesellschaft.de/rauchen_kinder,1059.html

S. 83	Raucherstoppzentrum Zürich, „Substanz, Gesundheitliche Auswirkungen", www.raucherstoppzentrum.ch/0189fc92f11229701/0189fc93040dae802/index.html
S. 84	„Dicke Luft am Arbeitsplatz", http://www.bzga.de/uid=ce5278af3998 62245aa6e9e48cb2fc9d&id=medien&sid=6&idx=1103&sub=1 GLOBUS Infografik, Hamburg
S. 84	„Dreiviertel ohne Glimmstängel", GLOBUS Infografik, Hamburg
S. 85	Burckhard Junge und M. Nagel, „Gesamtanteil der jugendlichen Raucher zwischen 12 und 18 Jahren", http://krebsgesellschaft.de/rauchen_datenzahlenfakten,1050.html
S. 86	Karikatur „Ich höre mit dem Rauchen auf" aus: Rauchen, Materialien für die Suchtprävention in den Klassen 5–10. Hrsg. von der Bundeszentrale für gesundheitliche Aufklärung, S. 187
S. 90	Umweltbundesamt, „Wasserdampf und atmosphärische Spurengase …", www.umweltbundesamt.de/uba-info-daten/daten/treibhauseffekt.htm
S. 90	Karola Baum, Köln, „Der Treibhaus-Effekt"
S. 91	Christian D. Schönwiese, „Fallbeispiel Sommer 2003", www.umweltbundesamt.de/klimaschutz/klimaaenderungen/wirkungen/index.htm
S. 92	Heinz Ziegeldorf, „Die Folgen der Klimaerwärmung …", www.learnline.nrw.de/angebote/agenda21/lexikon/klimawandel.htm#folgen
S. 94	„Der Treibhauseffekt", http://www.faz.net/imagecache/%7BF78BA547-0474-4348-A818-63C71545890A%7Dpicture.jpeg
S. 114–117	Louis Sachar und Birgitt Kollmann, „Löcher. Die Geheimnisse von Green Lake", Beltz & Gelberg, 1954, S. 7f.
S. 121/122	Götz Hamann, „Habe alles, bekomme mehr", http://hermes.zeit.de/pdf/archiv/2004/22/kinder-konsum.pdf
S. 126	„Appetitmacher", GLOBUS Infografik, Hamburg